DIESTERWEGS
NEUSPRACHLICHE
BIBLIOTHEK

Gudule

Regardez-moi

DIESTERWEG

Edition originale publiée par les Editions Flammarion

Annotationen und Anhang erarbeitet von Nathalie Judic
unter Mitarbeit von Silke Glaeske

Druck A² / Jahr 2014
Alle Drucke der Serie A sind im Unterricht parallel verwendbar.

Redaktion: Nathalie Judic, Karlsruhe und Mechthild Piel
Herstellung und Umschlagrealisation: Harald Thumser, Frankfurt am Main
Satz: Satzwerk Mediengestaltung, Dreieich
Druck und Bindung: Westermann Druck Zwickau GmbH

ISBN 978-3-425-04898-7

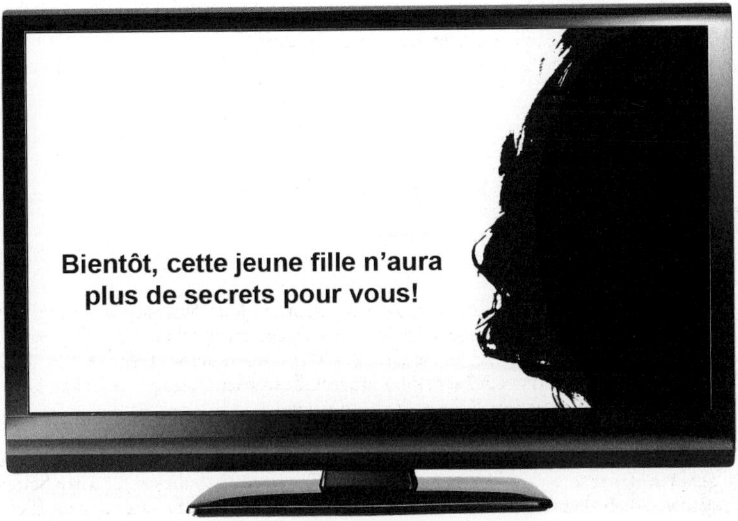
Bientôt, cette jeune fille n'aura
plus de secrets pour vous!

Liste des abréviations

abr	abréviation	loc	locution
angl	anglicisme	loc adv	locution adverbiale
arg	argot	loc prov	locution proverbiale
adj	adjectif	p.ex.	par exemple
adv	adverbe	péj	péjoratif
contr	contraire	pop	populaire
fam	familier	pron	pronom
fig	sens figuré	scol	scolaire
interj	interjection	v.	voir
inv	invariable	vulg	vulgaire
litt	littéraire		

Table des matières

Lundi 17 avril

Ça y est! Ils m'ont choisie, moi! Je n'arrive pas encore à y croire … Sur je ne sais combien d'adolescents, plusieurs milliers, sans doute, plusieurs dizaines de milliers, même, c'est ma candidature qu'ils ont retenue. Pourquoi? Mystère. En toute honnêteté, je n'ai rien d'exceptionnel. Nom: Gina Lorrain. Âge: quatorze ans et demi. Taille: moyenne. Corpulence: moyenne. Niveau d'études: moyen (bonne en français, mauvaise en maths, passable dans les autres matières). Signes distinctifs: boutons d'acné sur le front, cheveux châtains mi-longs, yeux noisette. Plutôt mignonne – d'après mon copain Loud, en tout cas – mais je n'ai rien d'une star. Est-ce justement mon côté «banal» qui a motivé le choix de Socio-life? Je ne vois pas d'autre explication …

N'empêche, j'en suis toute retournée. Dans deux semaines, ma vie va changer. Je vais devenir hyper-célèbre. J'ai l'impression de vivre un rêve …

En fait, je ne réalise pas encore vraiment. Et, à mon avis, mes parents non plus: ils sont complètement dépassés par les événements!

Quand j'ai répondu à l'annonce, c'était comme une sorte de jeu. Ni eux ni moi n'avons pensé une seule seconde que je gagnerais. Ça paraissait tellement invraisemblable!

Je vais rapidement résumer l'aventure, elle en vaut la peine. Ça me permettra de me rappeler les détails, plus tard. D'ailleurs, c'est pour cette raison que je commence mon journal. Si tout se passe bien, il se peut même qu'un jour je le publie. Je l'intitulerai: *Les Carnets intimes d'une future vedette* et ce sera un best-seller …

Non, là, je délire.

Quoique …

En janvier dernier, donc, la chaîne Socio-life, spécialisée dans les reality-shows, lance un appel à la télé et dans la presse: ils cherchent un(e) adolescent(e) pour représenter sa génération dans une nouvelle

7 **la corpulence** taille, grandeur 8 **passable** acceptable **le signe distinctif** unverwechselbares Kennzeichen 9 **châtain** kastanienbraun 13 **n'empêche** *loc fam* quand même **en être retourné,e** *fam ici:* être bouleversé, choqué 17 **être dépassé,e par** *ici:* überfordert sein 21 **valoir la peine** sich lohnen, der Mühe wert sein 24 **intituler** donner un titre 26 **délirer** *fam* spinnen

émission: *Regardez-moi!* Ce ou cette adolescent(e) doit accepter – avec l'autorisation de ses parents, bien entendu – de se laisser filmer vingt-quatre heures sur vingt-quatre, pendant trois mois. Le reportage sera retransmis en direct, non-stop, c'est-à-dire qu'à n'importe quel moment du jour ou de la nuit, les téléspectateurs pourront suivre le ou la gagnant(e) dans ses activités quotidiennes. Le but de l'émission est de *permettre aux adultes d'observer comme à travers un microscope le comportement d'un jeune, afin de mieux l'analyser et le comprendre* (j'ai recopié le texte de l'annonce).

On a été nombreux à répondre. La moitié de ma classe voulait se présenter, mais la plupart des parents ont refusé. Ils trouvaient que ça portait atteinte à leur vie privée. Au départ, papa et maman étaient réticents, eux aussi, mais j'avais de bons arguments. D'abord, je n'ai rien à cacher. Ensuite, c'est très très bien payé: 150 000 F déposés sur un compte à mon nom, et que je pourrai toucher à ma majorité. «Un bon démarrage dans l'existence!» a admis maman. Troisièmement, ce serait l'occasion de me faire connaître. Quand on a, comme moi, envie de devenir actrice, on ne laisse pas passer une chance pareille! Quatrièmement, la démarche de *Regardez-moi!*, qui balaie les préjugés des gens en leur faisant découvrir sur l'écran ceux qu'ils côtoient chaque jour sans chercher à les connaître, est vachement intéressante. Cinquièmement, trois mois, c'est vite passé… Bref, après des discussions à n'en plus finir, mes parents ont cédé.

– De toute façon, ne te fais pas d'illusion, ces concours sont toujours truqués! a conclu papa en riant.

Truqués ou pas, j'ai immédiatement écrit à Socio-life et, en retour, j'ai reçu un questionnaire que j'ai renvoyé le soir même. Coup de bol insensé, la semaine suivante, je me retrouvais parmi les cinquante lauréats sélectionnés pour le casting. J'ai eu un peu de mal à convaincre

4 **retransmettre** übertragen 12 **porter atteinte** beeinträchtigen 13 **réticent,e** zurückhaltend 14 **F** = francs, *frz. Währung vor Einführung des Euro, hier ungefähr 20.000 €* 15 **la majorité** Volljährigkeit 18 **pareil,le** *ici:* solche, derartige 19 **la démarche** méthode **balayer** *ici:* faire disparaître 20 **côtoyer** fréquenter, rencontrer souvent 21 **vachement** *fam* très 23 **céder** ne plus résister 25 **truqué** falsifié, faussé, manipulé 27 **le coup de bol** [kudbɔl] *fam ici:* coup de chance 28 **insensé** extraordinaire, incroyable 29 **le lauréat** personne qui a gagné un prix dans un concours

mon père de venir avec moi à la convocation – mais c'était spécifié «accompagné d'une personne responsable». Nous avons d'abord été reçus par un psychologue qui nous a posé des tonnes de questions, ensemble puis séparément, et m'a fait passer une série de tests genre «orientation professionnelle». Après, j'ai été filmée sous toutes les coutures. Fallait que je marche, que je descende un escalier, que je sourie, que je parle, en étant le plus naturelle possible. C'était super-intimidant. Je ne savais pas quoi faire de mes bras ni de mes jambes, j'ai trébuché deux fois dans la moquette, et impossible d'articuler un mot tellement ma bouche tremblait… La honte, quoi! Pour l'élection de miss Naze, j'étais parfaite, mais comme «représentante de ma génération», bonjour le fiasco! En sortant de là, j'ai chialé, sûre à cent pour cent d'avoir raté le coche…

Eh bien, je me trompais. La preuve: ce soir, à cinq heures pile, coup de téléphone de la chaîne: C'EST MOI LA GAGNANTE!

J'ai failli tomber dans les pommes! Et je ne parle pas de la tête de mes parents quand je le leur ai annoncé! Ils ont d'abord cru à une blague. Et moi, dans tous mes états: «Si, si, c'est vrai, parole d'honneur! Ils viennent demain matin en repérage, pour voir où ils vont installer les caméras!»

Réflexe de maman:

– Demain? Ah, non, l'appartement est dégoûtant: mon aspirateur vient de tomber en panne!

– Ne t'inquiète pas, a ri papa. Avec ce qu'elle va gagner, ta fille t'en offrira un nouveau, hein Gina?

Il m'a embrassée et, le premier mouvement de panique passé, maman en a fait autant. Finalement, ça ne leur déplaît pas tant que ça que je devienne célèbre! Faut dire, depuis janvier, ils ont eu le temps de s'habituer à l'idée…

[1] **la convocation** invitation à un entretien [4] **le genre** façon, sorte, type [5] **sous toutes les coutures** dans toutes les positions [8] **intimidant** einschüchternd [9] **trébucher** tomber **la moquette** le tapis [11] **naze** *adj fam* fou, folle [12] **chialer** *fam* pleurer [13] **rater le coche** *loc fam* manquer l'occasion de bien faire [14] **pile** Punkt … Uhr [16] **tomber dans les pommes** in Ohnmacht fallen [18] **la blague** plaisanterie [19] **le repérage** recherche préparatoire des lieux pour le tournage d'un film [22] **dégoûtant** *ici:* sale, *contr* propre

Bref, tout baigne! Je flotte sur un petit nuage.

Caramelle, que j'ai tout de suite appelée pour lui annoncer la bonne nouvelle, est excitée à mort. «J'ai toujours su que ce serait toi!» m'a-t-elle déclaré. C'est vrai: chaque fois qu'on en parlait, en classe – pas trop souvent, par superstition, mais souvent quand même! –, elle me le répétait. Je l'adore!

Un seul point noir, et de taille, malheureusement: Loud. Avec lui, je m'attends au pire …

9 heures du soir

Après avoir longtemps hésité, j'ai fini par téléphoner à Loud. Comme prévu, il a mal réagi et on s'est engueulés. Il ne supporte pas les lifeshows, soi-disant. Et penser que je vais y participer – et surtout, en être la vedette! – le rend malade.

– Tu crèves de jalousie, c'est ça? j'ai ricané.

Là, je touchais son point faible. Il a crié: «Merde, t'es vraiment trop nulle!» et m'a raccroché au nez.

J'ai rappelé aussi sec, mais je suis tombée sur le répondeur.

J'ai failli lui laisser un message de rupture mais, au bip sonore, je me suis dégonflée et j'ai juste sifflé: «Pauvre mec!» N'empêche, son attitude m'a fichu le cafard. Je lui en veux beaucoup d'avoir gâché mon plaisir.

Ceci dit, ça n'a rien d'étonnant. Cette émission, il est contre depuis le début et a essayé par tous les moyens de me décourager. On en a discuté cent fois, je connais son opinion par cœur. Quand j'ai écrit à Socio-life, il m'a fait une de ces scènes! On ne s'est plus parlé pendant au moins huit jours. Non mais, qu'est-ce qu'il s'imagine? Qu'être mon petit ami lui donne des droits sur moi? Alors là, tu te fourres le doigt dans l'œil, mon pote! Même si je suis amoureuse de toi (enfin, *j'étais* amoureuse, parce qu'en ce moment …), je ne vais pas louper ma future carrière pour tes beaux yeux!

Ah, ces machos, je vous jure!

1 **tout baigne** *fam* tout va bien 5 **la superstition** Aberglaube 11 **s'engueuler** *fam* se disputer 12 **soi-disant** *adv* angeblich 14 **crever** (de jalousie) (vor Eifersucht) platzen 17 **aussi sec** *ici:* aussitôt 19 **se dégonfler** *fam ici:* ne pas oser 20 **ficher le cafard** *fam* rendre déprimé 26 **se fourrer le doigt dans l'œil** *fam* se tromper 28 **louper** *fam* rater

Mardi 18 avril

Ce matin, pendant le p'tit déj', coup de sonnette: les techniciens de chez Socio-life.

– J'espère que tu as fait ton lit! m'a lancé maman d'un air soupçonneux.

– Bien sûr! Pour qui tu me prends?

J'ai été ouvrir, le cœur battant. Avec cette visite, ma victoire n'était plus simplement théorique mais prenait, subitement, une réalité saisissante.

Ils étaient trois dont un barbu qui parlait fort. Ils m'ont félicitée puis, sous la conduite de papa qui n'avait pas encore bu son café, ont commencé à explorer l'appartement. Ils comptent installer des caméras partout – sauf dans la salle de bains-W.-C., évidemment! Manquerait plus que ça! –, un peu comme pour la surveillance des supermarchés. Ainsi, où que j'aille, il y en aura toujours au moins une pointée sur moi. Pareil en classe.

Là, j'ai tiqué.

– Le principal n'acceptera jamais!

Paraît que si. Tout est déjà arrangé avec lui. C'est une des raisons pour lesquelles j'ai été choisie, moi. Le barbu m'a expliqué que nous étions plusieurs sur la ligne d'arrivée – avec, en tête, un garçon de Rennes qui correspondait parfaitement au «profil» que la chaîne recherchait. Mais son lycée s'est opposé à ce qu'on le filme en classe. Résultat: il a été disqualifié, et c'est moi qui ai pris sa place.

– Votre chef d'établissement, euh... monsieur... comment s'appelle-t-il, encore?

– Lharmattan?

– Oui, c'est ça, M. Lharmattan. Il a été très compréhensif. Lui, au moins, sait où se trouve son intérêt... Dans le privé, ils ne crachent jamais sur un peu de pub, tandis que les directeurs d'écoles publiques, eux, s'en balancent!

Merci, Lharmattan! J'étais loin de me douter qu'il avait l'esprit aussi large, ce vieux facho! Moi qui le croyais uniquement capable de

4 **soupçonneux,se** méfiant 8 **saisissant,e** qui surprend 9 **le barbu** homme qui porte une barbe 14 **pointer sur qn** auf jdn richten 15 **tiquer** *fam* montrer son désaccord 27 **ne pas cracher sur qc/qn** *fam* jdn/etw nicht verachten 29 **s'en balancer** *fam* ne pas s'y intéresser

filer des colles et de nous descendre en conseil de classe, je vais réviser mon jugement!

Je suis partie pour le bahut avant que les techniciens aient fini. (Papa est resté avec eux: il avait pris sa matinée.) La bande des copines me guettait devant la grille. Dès qu'elles m'ont aperçue, elles ont couru à ma rencontre pour m'assaillir de questions. Connaissant Caramelle, j'aurais dû m'y attendre.

– T'aurais pu tenir ta langue! je lui ai lancé. Je voulais leur annoncer moi-même!

– On le savait déjà depuis hier soir, a pouffé Lauriane. Hein, les filles?

– Ouais, j'ai même essayé de t'appeler, a signalé Audrey, mais ça sonnait sans arrêt occupé.

J'ai fusillé Caramelle des yeux. Elle a éclaté de rire:

– Ben quoi, tu m'avais pas demandé le secret! D'ailleurs, dans quelques jours, on te verra partout en France, alors, un peu plus tôt ou un peu plus tard!

– Pas seulement en France, en Europe! a rectifié Lara. On a une vedette in-ter-na-tio-nale dans la classe!

À ce moment-là, la sonnerie a retenti et elles m'ont escortée jusqu'au rang, comme des groupies. Elles voulaient toutes s'asseoir près de moi, même Noémie qui, en général, ne quitte pas Natacha d'une semelle. Ça m'a fait marrer: c'est bien la première fois qu'on se dispute ma compagnie!

Côté Loud, par contre, ce n'est pas exactement la même musique. Toute la journée, il m'a ostensiblement tourné le dos en refusant de m'adresser la parole. Je pensais profiter de la cantine pour mettre les choses au point, mais, au lieu de s'installer dans notre petit coin à nous, il est allé rejoindre Cédric et Sidali. Du coup, j'ai bouffé avec les filles à la grande table – où on était trois fois plus nombreuses que d'habitude! –, et le reste de la classe n'a pas arrêté de nous mater.

[1] **filer des colles** *arg scol* nachsitzen lassen **descendre qn** *fam ici:* critiquer [3] **le bahut** *fam* collège, lycée [5] **guetter** attendre [6] **assaillir qn de questions** jdn mit Fragen bestürmen [8] **tenir sa langue** *fam* se taire quand il faut [10] **pouffer** rire [14] **fusiller qn des yeux** *fam loc* mit Blicken töten [18] **rectifier** corriger [20] **retentir** erklingen **escorter** accompagner [21] **le rang** *ici:* place [22] **ne pas quitter d'une semelle** *fam* suivre partout [23] **se marrer** *fam* rire, s'amuser beaucoup [25] **ostensiblement** ouvertement, de manière très directe [28] **bouffer** *fam* manger [30] **mater** *fam* regarder

Entre-temps, l'information s'était répandue comme une traînée de poudre même en dehors de la quatrième, ce qui m'a valu un joli succès, à la récré de midi. Plusieurs troisièmes sont passés me voir pour me demander si c'était vrai, et parmi eux, devinez qui?

Steph.

Oui, LE Steph en personne!

La tête des copines valait le détour, surtout Lara qui en est raide-dingue (comme nous toutes, d'ailleurs!). Celle-là, avec son physique de top model, elle se paie tous les mecs qu'elle veut... sauf lui. Forcément: il ne sort qu'avec des nanas du lycée technique. Nous, il nous trouve trop gamines...

Quand il m'a entraînée à l'écart en me prenant par l'épaule, j'ai cru qu'elle allait avoir un malaise! Mine de rien, j'ai vérifié si Loud me voyait. Ça m'aurait plu de lui faire croire qu'il avait déjà un remplaçant – et quel remplaçant! –, mais il était sur le terrain de volley et n'avait d'yeux que pour le ballon.

Steph voulait savoir comment je m'y étais prise pour arriver en tête du classement. Bien qu'il ait, lui aussi, participé à la sélection et rempli le questionnaire, il n'avait même pas été convoqué au casting. «Ils ont sûrement tiré au sort», répétait-il. Ça le réconfortait de penser que mon élection était due au hasard, qu'on ne m'avait pas *préférée* à lui. J'ai pris un malin plaisir à lui affirmer le contraire. J'ai prétendu que j'avais passé une audition, comme pour un rôle au cinéma. Il était vert! Lara a beaucoup ri quand je lui ai raconté (un rire jaune). Caramelle, elle, était aux anges. «Si ça se trouve, il veut sortir avec toi», m'a-t-elle lancé d'un petit air innocent. La vanne était destinée à Lara, évidemment: elles ne peuvent pas se piffer! Lara est devenue rouge comme une tomate trop mûre.

N'empêche, quand j'y pense, ce serait le top du top si Steph se mettait à me draguer. Par rapport à Loud, je veux dire...

1 **se répandre comme une traînée de poudre** sich wie ein Lauffeuer verbreiten 7 **raide** *adv fam* complètement 8 **être dingue de qn** *fam* verrückt nach jdm sein 9 **forcément** *fam* na klar! 10 **la nana** *fam* fille 11 **gamin,e** *adj* comme un enfant 12 **à l'écart** zur Seite 13 **mine de rien** *fam* discrètement 19 **convoquer** inviter, *v. convocation* 20 **tirer au sort** auslosen **réconforter** rassurer, consoler 22 **malin, maligne** méchant 23 **l'audition** *f* Vorsprechen 24 **rire jaune** gezwungen lachen 26 **la vanne** *fam* remarque 27 **se piffer** *pop* se supporter, s'entendre 29 **draguer qn** *fam* jdn anmachen

Mercredi 19 avril

Le téléphone n'a pas arrêté de sonner depuis le début de l'après-midi. Les copains avaient tous quelque chose à me dire, même ceux qui, d'ordinaire, m'adressent à peine la parole. C'est fou à quel point je suis devenue intéressante, brusquement. Je ne m'en plains pas, mais bon … Le seul que j'aimerais vraiment avoir au bout du fil reste muet. Pourtant, je suis sûre qu'il meurt d'envie d'appeler. Autant que moi, il en a envie. Ah là là, Loud et son fichu orgueil!

[8] **fichu,e** *adj fam ici:* verflixt **l'orgueil** *m* Stolz

Vendredi 21 avril

Cette fois, c'est vraiment fini, avec Loud. Il a été ignoble. Et moi qui ai craqué comme une idiote. Je me giflerais bien, tiens!

Si j'avais su …

J'en avais marre qu'on se fasse la gueule, alors, pendant le cours de français en deuxième heure, j'ai profité de ce que la mère Gensac écrivait au tableau pour lui envoyer un petit billet. *On est toujours fâchés?* J'attendais au moins un signe de connivence, un sourire, quelque chose… Eh bien, pas du tout! Il l'a déchiré sans le lire ni même me jeter un regard.

Humiliée, j'étais!!!

Je ne veux plus entendre parler de ce mec! Stop, je tourne la page! Qu'on ne prononce plus jamais son nom devant moi! C'est comme s'il n'avait jamais existé. Dommage, il embrassait si bien…

[2] **ignoble** très méchant [3] **craquer** *fam ici:* schwach werden **gifler** ohrfeigen [5] **se faire la gueule** *fam* aufeinander sauer sein [7] **être faché avec qn** mit jdn zerstritten sein [8] **la connivence** complicité, entente [11] **humilier qn** jdn demütigen, kränken

Lundi 24 avril

À la récré de dix heures, Lharmattan est descendu dans la cour. Événement rarissime! Depuis son accident, l'an dernier, il marche avec difficulté et se mêle le moins possible aux élèves. Plus rarissime encore: il s'est insinué entre les groupes. Et pourquoi? Je vous le donne en mille… Pour venir me chercher. Un peu inquiète, je l'ai suivi dans son bureau en me demandant quelle connerie j'avais bien pu faire…

Non, j'exagère. Je me doutais que *Regardez-moi!* y était pour quelque chose. C'est ce qui m'a permis de ne pas trop flipper.

La grande psychologue, celle qu'on surnomme Popeye à cause d'Olive, à qui elle ressemble comme deux gouttes d'eau), est venue nous rejoindre. À peine entrée, elle a commencé à me baratiner au sujet de l'émission. Lharmattan s'y est mis aussi et, pendant un bon quart d'heure, j'ai dû subir leurs discours moralisateurs. Ils se faisaient du souci pour moi, prétendaient-ils.

– Cette expérience peut vous traumatiser, assurait la psycho. La célébrité, à votre âge, c'est déboussolant!

– Et vos études risquent d'en pâtir! ajoutait Lharmattan. J'ai failli le traiter d'hypocrite (vu que je sais, maintenant, le parti qu'il compte tirer de l'affaire!), mais je n'ai pas osé. Je me suis contentée de répondre qu'on en avait discuté avec mes parents et qu'ils étaient d'accord. Popeye a dit que si j'avais le moindre problème, je n'hésite pas à la contacter. Elle m'a même laissé sa carte personnelle, que j'ai «oubliée» sur un guéridon.

Je suis ressortie complètement écœurée. De quoi ils se mêlent, ces deux-là, sans blague? Le principal, à la limite, je comprends: je suis sous sa responsabilité. Mais l'autre, là, la grande saucisse… Une psychologue, je vous demande un peu! Et pourquoi pas une infirmière, tant qu'ils y sont? Ou un toubib? Le succès, c'est une maladie, peut-être?

[3] **rarissime** très rare [5] **s'insinuer** s'introduire, entrer **je vous le donne en mille** *loc fam* je vous donne une chance sur mille de trouver pourquoi [7] **la connerie** *fam* bêtise [9] **flipper** *fam* avoir peur [10] **Popeye, Olive** *Figuren in einem Zeichentrickfilm* [11] **se ressembler comme deux gouttes d'eau** *loc* sich gleichen wie ein Ei dem anderen [12] **baratiner** *fam* parler beaucoup [14] **subir** devoir supporter [17] **déboussoler** *fam* aus dem Gleichgewicht bringen [18] **pâtir** souffrir [19] **hypocrite** *adj* scheinheilig [24] **le guéridon** petite table ronde à un pied [25] **écœuré,e** dégoûté [29] **le toubib** *fam* médecin

Mardi 25 avril

L'équipe technique est revenue, ce matin, juste au moment où je partais au bahut, et quand je suis rentrée, après les cours, j'ai trouvé des caméras partout. J'en ai compté une bonne dizaine: une dans l'entrée de l'immeuble, une dans l'ascenseur, une sur le palier devant notre porte, une dans le vestibule, deux dans le salon, une dans le couloir, une à la cuisine, une dans ma chambre, une dans la chambre de mes parents – mais il se peut que j'en aie oublié. Elles sont si bien dissimulées qu'on les remarque à peine. (En tout cas, il n'y en a pas dans la salle de bains-W-C, j'ai vérifié!)

Pendant le dîner, je ne pouvais pas m'empêcher de regarder l'objectif. Il me faisait l'effet d'un œil en train de m'observer, comme un chasseur qui guette sa proie (brrrr, l'horrible image!). J'en avais le frisson, et je perdais sans arrêt le fil de mes idées. Papa a dit que je m'y habituerais vite. Faut encore une semaine avant que l'installation soit opérationnelle, et d'ici là, on ne la remarquera même plus.

Maman n'était pas de cet avis.

– Je trouve que tu prends les choses un peu trop à la légère, Jean-Pierre! Nous n'aurions jamais dû accepter: cette expérience va complètement perturber notre vie de famille!

C'est son nouveau refrain, depuis quelques jours: *Regardez-moi!* va perturber notre vie de famille! Papa, qui en a ras le bol, l'envoie promener, elle s'énerve, ils se chamaillent… et notre vie de famille est, effectivement, perturbée. Mais pas à cause de l'émission, à cause d'elle!

– Pourquoi il faut toujours que tu dramatises? je lui ai lancé. Ce n'est pas toi qui seras filmée, c'est moi! Le barbu l'a bien spécifié: si vous voulez être tranquilles, vous n'avez qu'à sortir de la pièce.

– Merci bien, je ne pourrai même plus aller où je veux dans ma maison!

5 **le palier** Treppenabsatz 6 **le vestibule** Diele 8 **dissimulé** caché 13 **la proie** Beute, Opfer 14 **le frisson** Schauder **le fil** Faden 16 **opérationnel,le** einsatzfähig, betriebsbereit 20 **perturber** troubler, déranger 22 **en avoir ras le bol** *fam* en avoir assez 23 **se chamailler** se disputer

– Ne t'inquiète pas, je resterai le plus possible dans ma chambre! Je peux même y prendre mes repas, si ça t'arrange!

C'est vrai, quoi, à la fin! Elle est d'un pénible! Fallait dire non tout de suite, si elle avait la trouille, pas faire marche arrière à une semaine de l'émission! De quoi on aurait l'air si on annulait tout maintenant?

[3] **être d'un pénible** être insupportable [4] **la trouille** *fam* peur

Lundi 1er mai

Demain demain demain demain demain demain demain. J'en ai la main qui tremble, en l'écrivant!

plus tard

Heureusement que c'est congé, aujourd'hui! Je suis tellement impatiente que je n'aurais pas pu suivre les cours. Depuis que je suis levée, je ne tiens pas en place. Je vais, je viens dans l'appart', je m'assieds, je me relève, j'essaie de lire, de regarder la télé sans être capable de me tenir plus de cinq minutes à une occupation. Pareil pour la bouffe: impossible de rien avaler. J'ai l'estomac serré comme avant un rencard avec un mec, en mille fois pire.

Maman ne vaut guère mieux, mais pour les raisons inverses. Chaque jour qui passe la stresse un peu plus. Elle m'a donné des sueurs froides, samedi: j'ai cru qu'elle allait nous planter à la dernière minute. On avait rendez-vous à quatre heures chez Socio-life pour les derniers papiers, et, au moment de signer le contrat, elle ne voulait plus. Il a fallu qu'on s'y mette tous les deux, avec papa, pour la persuader.

Ce qui l'a décidée, c'est quand le responsable de la chaîne – M. Combourg, un chauve avec des tics nerveux – a expliqué (comme l'avait déjà fait le barbu l'autre jour, mais plus clairement!) que les caméras ne fonctionneraient pas tout le temps. Elles se mettront en marche sur mon passage, grâce à une puce électronique que je porterai en permanence sur moi. Les endroits où je n'irai pas (la chambre des parents, par exemple, je n'y mets jamais les pieds) ne seront donc pas filmés. Suffit qu'on décide à l'avance de mon «territoire» pour que le leur, à papa et elle, soit hors champ. Ça l'a un peu rassurée.

J'ai demandé si, au bahut, ce serait la même chose, il m'a dit que oui. L'équipe a fait l'installation ce week-end. Dans la rue, par contre, je serai discrètement suivie par un caméraman – un peu comme pour la

5 **le congé** vacances, *ici:* jour férié 9 **la bouffe** *v. bouffer, fam* la nourriture 10 **le rencard** *fam* rendez-vous 12 **ne … guère** ne … pas **inverse** *adj* contraire 13 **donner des sueurs froides** faire peur, inquiéter vivement 14 **planter** *fam* abandonner 19 **le chauve** personne sans cheveux 22 **la puce** Chip 26 **hors champ** außer Sichtweite

caméra invisible –, et un camion-régie, garé à proximité, retransmettra l'image. Impressionnant, non?

Quand je pense qu'on déploie de tels moyens techniques juste pour ma petite personne, j'en ai le vertige! C'est ça, être une star! Mais bon, Vanessa Paradis, Gérard Depardieu, Mathieu Kassovitz et tous les autres s'y sont bien habitués, alors pourquoi pas moi?

encore plus tard

Demain … J'ai du mal à réaliser. Ma chère Gina, à partir de demain, vous serez une grande vedette. Tous les téléspectateurs connaîtront votre visage, des milliers de garçons seront amoureux de vous. (Eh oui, mon vieux Loud! Si tu ne m'avais pas plaquée, on aurait pu devenir le couple le plus célèbre de France … Je ne demandais qu'à partager cette aventure avec toi, moi! Ç'aurait été le pied d'attendre le jour J dans les bras l'un de l'autre. Et au lieu de ça, je suis toute seule … Oh, rassure-toi, pas pour longtemps: je n'aurai bientôt plus que l'embarras du choix. Tu seras vite oublié, je te le promets!)

Quelle plaie, ce Loud! De penser à lui, j'en ai les larmes aux yeux. C'est la nervosité, je me sens comme une pile électrique. Si je pleure un bon coup, ça me calmera peut-être?

très tard

Impossible de dormir. Je vais avoir une tête de zombie, demain, devant les caméras! Mon corps me démange, j'ai trop chaud, puis trop froid. Je me tourne et me retourne sans arrêt dans mon lit. Comme c'est parti, je suis bonne pour une nuit blanche …

Autant allumer et écrire.

Tiens? Mes parents ne dorment pas non plus. Je vois leur lumière se refléter sur la façade de l'immeuble d'en face. Pauvre maman, j'ai des remords de lui imposer ça. Mais après tout, c'est de sa faute: elle

[1] **le camion-régie** Übertragungswagen **à proximité** in der Nähe [3] **déployer** einsetzen, aufbringen [4] **le vertige** Schwindel [11] **plaquer** *fam* quitter [13] **c'est le pied** *loc fam* c'est super **le jour J** Tag X [15] **l'embarras** *(m)* **du choix** *loc* Qual der Wahl [17] **quelle plaie** *fam ici:* personne insupportable [18] **la pile** Batterie [22] **démanger** jucken [24] **une nuit blanche** sans avoir dormi [28] **avoir des remords** ein schlechtes Gewissen haben **imposer qc à qn** jdn etw auferlegen

n'avait qu'à refuser dès le départ…

Si j'avais mon appart' à moi, tout serait bien plus simple, évidemment! Je ne serais pas obligée de les mettre dans le bain. Mais pour ça, faudra encore attendre quelques années…

Ce sera chouette, n'empêche, quand je prendrai mon indépendance. Surtout si je suis connue… et riche! 150 000 F, pour se lancer dans la vie, wahou! Plus vernie que moi, tu meurs!

Je sais ce que je vais faire: je vais aménager mon futur appartement dans ma tête, ça me détendra… Non, pas un appartement, c'est trop banal, un loft, plutôt. Sans rien dedans, juste de la moquette à longs poils et un lecteur CD avec des baffles grands comme ça… Une piscine… Et puis un chien, un très gros, un berger des Pyrénées, par exemple… Et puis…

Bon, allez, tchao, j'éteins. On rêve mieux dans le noir…

[3] **mettre qn dans le bain** *loc* faire participer [7] **verni,e** *fam* qui a de la chance, chanceux,se [11] **le baffle** Lautsprecherbox

Mardi 2 mai

5 heures 10

Le grand jour est arrivé! En sortant de chez moi, ce matin, j'ai vu le camion-régie stationné à l'angle de la rue, et quand je suis rentrée, à quatre heures et demie, il y était toujours. On le reconnaît grâce au sigle de la chaîne, sur le pare-brise.

L'émission démarrera ce soir, à huit heures pile. Et je suis sûre que la France entière sera devant sa télé! Socio-life a fait un énorme battage publicitaire. Y a des affiches *Regardez-moi!* partout dans le métro, mais, pour ménager le suspense, elles ne révèlent ni mon nom ni mon visage. Juste une silhouette blanche avec marqué au-dessus: *Bientôt, cette jeune fille n'aura plus de secrets pour vous!*

Je ne vous dis pas l'ambiance en classe! On ne parlait que de l'événement de ce soir... Tout le monde voulait savoir comment je me sentais, si j'avais le trac, ce que je comptais dire et faire, de quelle façon j'allais me fringuer, etc. Je ne suis peut-être pas encore une vedette de la télé, mais celle du lycée Franck-Marceau, ça oui! D'autant qu'à partir de demain, grâce à moi, ils seront tous concernés!

Momo, le prof d'histoire, a sauté sur l'occasion: il a parlé de l'influence des médias sur l'évolution des mentalités, et réciproquement. D'après lui, les life-shows sont le signe que notre société est à la recherche de modèles. Ce n'est pas nouveau, mais ce qui l'est, en revanche, c'est que ces modèles ne sont plus des êtres exceptionnels, comme dans le temps. Ce sont des personnes ordinaires. Chaque téléspectateur veut avoir l'impression de se regarder dans un miroir.

Cédric a immédiatement saisi la perche.

– Plus on est moche et bête, et plus on a de succès, alors?

Y a eu un éclat de rire général.

– Sans aller jusque-là, a répondu Momo dès qu'il a pu en placer une, vous n'avez pas entièrement tort. La majorité des gens se recon-

4 **l'angle** *m* coin 6 **le sigle** Abkürzung, Logo 8 **la battage publicitaire** publicité excessive 10 **ménager le suspense** *ici:* die Spannung erhalten 15 **le trac** Lampenfieber 16 **se fringuer** *fam* s'habiller, *v. fringues* 18 **concerné,e** betroffen 20 **et réciproquement** und umgekehrt 26 **saisir la perche** *loc ici:* die Gelegenheit nutzen

naîtront davantage dans une personnalité modeste, voire médiocre, que dans un physique spectaculaire ou une intelligence brillante…

Il n'a pas pu poursuivre à cause des hurlements. Les vannes fusaient de partout. Elles s'adressaient à moi, évidemment. Je ne vais pas les retranscrire, elles ne sont pas difficiles à deviner. Je me suis sentie salement agressée.

Le chahut était tel que Momo, après avoir frappé dans ses mains sans résultat, a marqué au tableau SILENCE, souligné trois fois. Et en dessous: *Si, dans quinze secondes, j'entends encore un bruit, vous serez tous collés mercredi.*

Le calme est revenu progressivement. Le prof nous a toisés un long moment avant de lâcher, d'une voix glaciale:

– Bravo, les quatrièmes, belle démonstration de stupidité! Votre comportement «moche et bête» vous vaudra sûrement les faveurs du public!

Puis il a rassemblé ses affaires et est sorti, tout raide, pour laisser la place à Gensac.

J'ai cherché Loud des yeux. Après ce que je venais de vivre, j'avais besoin d'un regard ami. Mais il était plongé dans un bouquin, et tout ce que je voyais de lui, c'était une nuque aveugle. Heureusement, au même moment, j'ai senti la main de Caramelle sur mon bras.

– Ça va? T'as pas trop les boules?

Si, et pas qu'un peu.

– Bah, t'as qu'à t'en foutre, de ces blaireaux, a-t-elle soufflé. C'est toi la vedette, pas eux. Ils se vengent comme ils peuvent, logique!

Logique. Ça m'a requinquée.

[1] **modeste** bescheiden **médiocre** mittelmäßig [3] **fuser** *fig ici:* hageln [5] **retranscrire** écrire [7] **le chahut** bruit [10] **coller** *arg scol ici:* nachsitzen lassen [11] **toiser** regarder avec mépris [16] **raide** steif [19] **le bouquin** *fam* livre [22] **avoir les boules** *loc fam* en avoir assez, être énervé [24] **se foutre de qn/qc** *fam* être bien égal, s'en moquer **le blaireau** *fam, péj ici:* Spießer [26] **requinquer** *fam* retrouver sa bonne humeur

6 heures 30

Un des mecs du camion – celui qui a une salamandre tatouée sur le bras et que j'ai déjà rencontré plusieurs fois – est passé voir si tout était OK. Plus qu'une heure et demie avant le grand plongeon. J'ai des fourmis partout et envie de vomir.

7 heures moins 10

Maman vient de rentrer. Elle est allée se changer et se maquiller. Elle veut que je mette mon ensemble en lin, celui du mariage de Sylvie. N'importe quoi! Ce serait d'un ringard … Je reste comme je suis!

7 heures 23

J'ai les JETONS!

10 heures 35

Et voilà.

L'aventure est en route.

Je suis filmée.

Ça me fait tellement bizarre que je ne sais plus quoi écrire. C'est vraiment troublant de savoir qu'à chaque instant, on a un objectif braqué sur soi. Toute la soirée, j'ai eu l'impression de jouer un rôle. D'ailleurs, j'en jouais un: le mien. Je faisais semblant d'être moi, et, du coup, je ne me ressemblais plus. Même ma voix sonnait faux. Je suis sûre que tout le monde l'a remarqué!

La caméra est à l'angle gauche du placard, contre le plafond. Le voyant rouge est allumé, ce qui signifie qu'elle fonctionne. Je ne devrais pas m'en préoccuper, mais j'y arrive pas. Elle attire mon regard comme un aimant.

[4] **le plongeon** *fig ici:* le début de l'émission [5] **la fourmi** Ameise [9] **ringard** *fam* démodé, de mauvais goût [11] **avoir les jetons** *pop* avoir peur [18] **braquer** diriger [22] **le placard** armoire [23] **le voyant** petit signal lumineux

Faut que je parvienne à l'oublier. Faut absolument. Sinon, je ne tiendrai pas le choc.

Un seul moyen: m'absorber dans mon journal. Marquer en vrac tout ce qui me passe par la tête.

Je me demande combien de gens me regardent, en ce moment. Mes copains de classe, sûrement. Mes parents, peut-être. Mamie, dans le Gers. Tante Nicole et oncle Bernard. Ma cousine Sylvie, son mari, leurs amis. Les collègues de travail de papa. Mes profs. Les commerçants du quartier. Loud. Steph. L'homme à la salamandre, dans le camion. Le barbu. Combourg. Lharmattan. Popeye. Caramelle. Le surveillant du supermarché, qui a toujours l'air de me soupçonner de vol. Le facteur. La concierge. La petite vieille du premier, avec son caniche nain. La grosse dame du cinquième qui monte à pied parce qu'elle a peur de l'ascenseur …

Tous ces yeux fixés sur moi, tous ces yeux … Pfiou, j'en ai le vertige!

Cool, Gina! Tu n'es ni la première ni la dernière à être le point de mire des foules. C'est le lot des célébrités. On s'y fait certainement très vite.

Zut, j'ai encore lorgné vers l'objectif. Faudra que j'apprenne à me discipliner.

Bon, j'en étais où? Ah oui, le déroulement de cette soirée mémorable.

À sept heures et demie, le barbu se pointe. Il m'apporte une jolie petite bague indienne que je dois garder au doigt nuit et jour. In-dis-pen-sa-ble. Dedans il y a la puce qui déclenche les caméras. Cinq minutes plus tard, on passe à table. Maman s'est mise sur son trente-et-un, papa pas. Ni moi. Aucun de nous n'a d'appétit, alors on chipote dans nos assiettes en observant la télé du coin de l'œil.

Huit heures moins dix. La présentatrice annonce: *Voici le moment que vous attendez tous.* Gros plan sur l'affiche accrochée derrière elle.

[1] **parvenir à faire qc** arriver à faire qc [3] **en vrac** *loc adv* en désordre, pêle-mêle [13] **le caniche nain** chien, *Zwergpudel* [16] **le point de mire** centre d'intérêt [17] **le lot** sort, destin [19] **lorgner** regarder [21] **mémorable** unvergesslich [23] **se pointer** *fam* arriver [26] **se mettre sur son trente-et-un** *loc* mettre ses plus beaux vêtements [27] **chipoter** *ici:* im Teller herumstochern

Dans quelques minutes, cette jeune fille mystérieuse aura un visage, et ce visage, vous l'aimerez. Vous ne pourrez plus vous en passer. Il fera partie de votre vie, au même titre que celui d'un membre de votre famille. Papa me sourit. Maman, très nerveuse, fait craquer ses phalanges. J'avale péniblement une gorgée d'eau.

Sur l'écran passent quelques interviews-express de gens, pris au hasard. À part un vieux ringard qui crache sur les life-shows et une bonne femme qui n'a pas la télé, ils sont tous intrigués et pressés de me découvrir. La campagne de pub a été super-efficace.

Huit heures moins une. La présentatrice s'efface, remplacée par le générique de l'émission: un petit personnage de dessin animé complètement hystérique qui saute du lit, se brosse les dents, tire la chasse d'eau, met son chapeau, conduit sa voiture, etc., tout en accéléré, tandis qu'une voix aiguë chantonne de plus en plus vite: «Regardez-moi, regardez-moi, regardez-moi ...»

– Ça y est! souffle papa.

Et paf, nous apparaissons à l'écran.

Y a un moment de flottement où on ne sait pas quoi faire, puis papa toussote et dit, d'un air pas naturel du tout:

– Délicieux, ce gratin, ma chérie!

Maman sourit style marque de dentifrice, et moi, je récite:

– Qu'est-ce qu'on a, pour le dessert?

– Du yaourt, répond maman.

Vachement intéressant, comme conversation! J'ai honte pour nous ...

Bon, j'abrège. Après trois quatre répliques du même niveau, je finis par me lever en annonçant:

– Bon, ben moi, je vais faire mes devoirs.

Je perçois nettement le soupir de soulagement de maman. Son épreuve, à elle, est terminée. Pas la mienne. Mais au moins, ici, dans ma chambre, je ne me vois pas sur l'écran. Ma propre nullité ne me saute pas à la figure ...

5 **la phalange** os du doigt 8 **être intrigué** rätseln 9 **efficace** wirksam 11 **le générique** *ici:* Vorspann 13 **l'accéléré** *m* Zeitraffer *contr* ralenti 14 **aiguë** schrill 19 **toussoter** tousser légèrement 25 **abréger** rendre bref, court, résumer

Parce que je viens de réaliser un truc très important: la grande différence entre moi et une actrice, c'est que l'actrice a un texte auquel se raccrocher. Moi pas. Faut que j'improvise. Ou alors, que je ne fasse rien. Mais si je ne fais rien, les téléspectateurs vont s'emmerder et changer de chaîne.

Hou, là, là, quelle responsabilité! Socio-life a dépensé un fric fou pour cette émission. Si je n'assure pas, ils vont être furax!

Qu'est-ce que je pourrais bien faire? Un strip-tease? Des grimaces? Me mettre à chanter? À réciter des vers? Comment se comporte une adolescente seule dans sa chambre, quand elle ignore qu'on l'observe? Ben … elle bouquine. Ou elle étudie. Ou elle écoute de la musique. Ou elle joue à des jeux vidéo. Rien de bien passionnant, en somme, mais, d'après le barbu, c'est justement ce que les gens attendent.

Moi, j'ai le nez dans mon cahier (derrière un rampart de bouquins pour que personne ne puisse lire, des fois que la caméra zoomerait d'un peu trop près … Qu'on me filme, moi, d'accord, mais pas ce que j'écris: mes pensées n'appartiennent qu'à moi!). Une fille qui rédige son journal intime, je me demande vraiment qui ça peut intéresser …

Je suis sûre qu'ils ont tous zappé. Y a un film d'action, avec Bruce Willis, sur la 1. Demain, en classe, les copains vont se fiche de moi.

Faut que je fasse quelque chose, n'importe quoi. Si je dansais, par exemple, est-ce que je serais ridicule?

Peut-être pas … Où j'ai fourré mon walkman? Dans mon sac à dos qui est resté au salon, mais je ne me sens pas le courage d'aller le chercher. En fait, la voilà, la vérité: je n'ose pas bouger. Même à l'intérieur de ma chambre, je n'ose pas. Si je me lève, je vais forcément commettre une maladresse, casser quelque chose, me prendre les pieds dans le tapis comme l'autre jour, pendant mon audition. Au moins, assise à mon bureau, je ne risque rien.

Tant pis pour les téléspectateurs. S'ils en ont assez de me voir écrire, ils n'ont qu'à se barrer, j'en ai rien à cirer.

4 **s'emmerder** *fam* s'ennuyer 6 **un fric fou** *fam* beaucoup d'argent 7 **furax** *arg scol fam* furieux 11 **bouquiner** *fam* lire, *v. bouquin* 14 **le rampart** Schutzwall 20 **se fiche de qn** *fam* se moquer 23 **fourrer** *fam* mettre 31 **se barrer** *fam* partir, s'enfuir **je n'en ai rien à cirer** *loc fam* damit habe ich nichts am Hut, das ist mir völlig egal

Le seul ennui, c'est que je suis à court d'idées.

Qu'est-ce que je pourrais bien raconter?

Une poule sur un mur qui picore du pain dur picoti picota lève la queue et puis s'en va. Un petit cochon pendu au plafond tirez-lui la queue il pondra des œufs, tirez-lui la patte il pondra des dattes, tordez-lui le cou il ne pondra plus rien du tout.

Bon, ça va comme ça. Je vais aller me déshabiller dans la salle de bains, et au lit. Au moins, je pourrai me cacher sous ma couette.

[1] **être à court de** *loc* ne plus avoir

Mercredi 3 mai

2 heures de l'après-midi

Incroyable! Non seulement mes copains ne m'ont pas trouvée nulle, mais je ne vous dis pas l'accueil, ce matin, au collège! Tout le monde voulait m'approcher, me toucher. J'ai été applaudie, embrassée, félicitée. La gloire, quoi!

J'ai flippé pour rien, hier soir... Finalement, ce n'est pas bien compliqué, d'être une star. Suffit de se laisser aller!

Mais commençons par le commencement. Bizarrement, j'ai dormi d'une traite, sous l'œil de la caméra. Faut dire, j'avais mon insomnie de la veille à rattraper. Et puis, les émotions, ça assomme... Bref, je me réveille à sept heures, fraîche comme une rose. Ma première pensée, c'est: «À cette heure-ci, y a presque personne devant la télé.» Ça me met d'office à l'aise. J'envoie un bisou à l'objectif puis je saute sur mes pieds et je file prendre ma douche. Je réenfile mes habits d'hier que j'avais laissés exprès dans la salle de bains (sauf le slip et les chaussettes, évidemment: j'ai pris la précaution d'en emporter des propres!), je me fais des petites nattes avec des gros chouchous (c'est ce qui me va le mieux... enfin, d'après Loud!) et je me maquille un peu, pour le fun (du rimmel sur les cils et un léger trait d'eye-liner). Puis je file retrouver mes parents qui déjeunent.

Le voyant rouge de la cuisine s'allume, au moment où j'entre. Maman sursaute et remet machinalement ses cheveux en place. Papa avale sa bouchée et me sourit.

– Bonjour, ma chérie!

Toujours aussi peu naturel, le paternel! Pas grave, on fera avec.

Je l'embrasse, puis j'embrasse maman et je me sers un bol de céréales. Mes angoisses d'hier soir se sont envolées, je me sens prête à affronter la terre entière. J'ai trouvé le truc pour être détendue. Un moyen tout

[10] **d'une (seule) traite** *loc adv* sans interruption **l'insomnie** *f* Schlaflosigkeit [11] **assommer** *ici:* fatiguer [14] **d'office** *loc adv* tout de suite [15] **filer** *fam* partir vite, courir [17] **la précaution** Vorsichtsmaßnahme [18] **la natte** Zopf **le chouchou** élastique pour les cheveux [19] **le fun** *angl* le plaisir [20] **le rimmel** Wimperntusche [23] **sursauter** zusammenzucken [26] **faire avec** *loc fam* mit etw klar kommen [28] **affronter** faire face à

simple qui m'est venu pouf, comme ça, pendant ma toilette. Je me regarde de l'extérieur. Je suis mademoiselle X, téléspectatrice, et qu'est-ce que je vois, sur mon écran? Gina Lorrain, une jeune fille assez mignonne qui beurre sa tartine en fredonnant.

– Alors ... prête à partir en classe? demande son père. (Comme s'il ne le savait pas!)

Gina hoche la tête, ce qui fait sautiller ses petites nattes rigolotes.

– Quels cours as-tu, aujourd'hui? interroge sa mère d'une voix rauque.

– Maths, physique, et deux heures de français.

– C'est tout?

– Ben oui, on est mercredi!

Les parents de Gina se consultent du regard.

– Et que comptes-tu faire, cet après-midi?

La jeune fille hausse les épaules d'un petit air mystérieux.

– Je ne sais pas encore, peut-être que j'irai à la piscine ... Ou alors, j'inviterai Caramelle. On a une interro d'histoire à préparer ... À deux, c'est plus facile, pour étudier!

Et chacun part de son côté. Je sors de l'appartement, le voyant rouge du palier s'allume. Je prends l'ascenseur, idem. Puis c'est le tour de celui de l'entrée de l'immeuble. Au moment où je mets le pied sur le trottoir, un type sort d'un porche voisin et m'emboîte le pas. Est-ce lui qui me filme? Si je n'étais pas sur mes gardes, rien ne me permettrait de l'affirmer. Jeans, blouson, tennis, un sac en bandoulière (le camouflage de sa caméra, je suppose), il a l'allure d'un badaud ordinaire ...

La situation commence vraiment à m'amuser. Je continue mon numéro d'autospectatrice, c'est franchement commode pour ne pas stresser. Gina marche d'un pas vif, ondulant gracieusement des hanches. Elle a presque l'air de danser. Elle s'inspecte du coin de l'œil, dans une vitrine, rabat une mèche rebelle sur son front. Ralentit devant chez le fleuriste: «Oh, les jolies roses!» Fait un petit coucou à la

[4] **fredonner** chanter à mi-voix, à bouche fermée [20] **idem** *adv* dasselbe [22] **le porche** Vorbau **emboîter le pas** suivre qn de très près [24] **le camouflage** Tarnung [25] **le badaud** *ici:* personne qui se promène dans la rue [28] **onduler** *ici:* schwingen [30] **la mèche** Haarsträhne

boulangère qui lui répond par un grand signe. S'aperçoit que les passants la reconnaissent. Leur sourit. Puis remarque un panneau publicitaire et se fige, stupéfaite.

La silhouette blanche ne l'est plus. Elle a un visage, un corps. Les siens.

Sa petite personne s'étale en quatre mètres par trois, surplombant le carrefour. C'est – comment dire? – magique.

La première surprise passée, Gina trouve qu'ils auraient pu choisir une autre photo. Elle n'est pas réellement à son avantage, sur celle-ci. Sa frange est mal mise et découvre ses boutons. En plus, elle se tient bossue. Et l'image est pixélisée.

Elle se tourne vers le caméraman pour le prendre à témoin. La grimace qu'elle fait est suffisamment éloquente pour que tous les téléspectateurs comprennent sa déception. Elle espère que les dirigeants de la chaîne en tiendront compte et se dépêcheront d'imprimer une nouvelle affiche, plus conforme à l'image qu'elle a d'elle-même.

Avec un haussement d'épaules ostentatoire (wouah, le joli mot! Je viens de le trouver dans le dictionnaire), elle reprend son chemin. Les gens se retournent sur son passage, chuchotent en la montrant du doigt. Elle fait semblant de ne rien remarquer, mais jubile intérieurement. «C'est le plus beau jour de ma vie!»

Un petit garçon qu'elle croise s'écrie: «Oh! Regarde, papa, la fille de la télé!» Elle lui fait une moue complice.

La moitié du collège l'attend sur le terre-plein. Dès qu'elle paraît, une ovation s'élève. On la félicite, on l'embrasse, etc. Fière comme un bar-tabac, elle s'avance sous le préau, suivie de son escorte. Tiens? Un voyant rouge. Elle jette un coup d'œil par-dessus son épaule. Plus de caméraman…

Elle se dit qu'ils sont super-bien organisés, chez Socio-life.

Lharmattan vient à sa rencontre. Tout le monde s'écarte pour le laisser passer. Il lui serre la main et déclare qu'il a suivi sa prestation,

[3] **se figer** erstarren [6] **s'étaler** zur Schau stellen **surplomber** überragen [10] **la frange** der Pony [11] **bossu,e** krumm [17] **ostentatoire** betont, auffällig [23] **la moue** grimace [24] **le terre-plein** *ici:* terrain devant l'école [25] **l'ovation** *f* stürmischer Beifall **fier, fière comme un bar-tabac** *loc* très fier [26] **le préau** überdachter Pausenhof [31] **la prestation** Darbietung

hier soir, que c'était très intéressant. Tout en parlant, il se tourne face à la caméra et ajoute qu'elle fait honneur au lycée Franck-Marceau (il prononce Marsseau lentement, en détachant bien chaque syllabe et en sifflant sur le s, des fois que les téléspectateurs n'auraient pas bien compris), 27, avenue de la Martinique, 75018 PARIS.

– Et maintenant, ajoute-t-il, je vous laisse aux mains de votre exxxcellent professeur de mathématiques, Mme Ceccaldi!

Gina se retient de rire: on dirait un mauvais présentateur de show télévisé.

Ceccaldi se ramène, en tailleur, talons hauts, collier de perles, et sortant visiblement de chez le coiffeur. Elle qui est plutôt du genre pantalon-gros pull, en temps normal… Y a des gloussements parmi les élèves – bien qu'eux aient également soigné leur look. Caramelle, entre autres, étrenne un ensemble en jean flambant neuf, Sidali porte le sweat de son équipe de foot et Cédric a enduit sa tignasse de gel pour la hérisser à la mode manga…

Le cours de maths ressemble à tout sauf à un cours de maths. Ceccaldi, plutôt vache d'ordinaire, s'est transformée en un ange de patience. En rendant les copies du contrôle, elle prend le temps de faire des commentaires, d'expliquer ce qui ne va pas, de se pencher sur chaque cas en particulier. Elle encourage ceux qui n'ont pas la moyenne, complimente les meilleures notes, réconforte les autres, s'enthousiasme pour le moindre progrès, même minable. La prof idéale, quoi! J'en conclus que Lharmattan lui a donné des instructions et qu'il la surveille, de son bureau, sur son poste de télé personnel. À moins que, souhaitant changer d'établissement, elle ne fasse tout simplement sa propre promotion … Ou qu'elle essaie d'épater son mari…

Marrant comme on change de manière d'être, quand on sait qu'on est vu par tout le monde!

Matinée curieuse. Calme plat. Les profs se font mousser. Caramelle prend des poses. À la récré, je suis entourée comme jamais. C'est à qui sera le plus près possible de moi. Je proteste:

[10] **se ramener** *fam* arriver **le talon** Absatz [12] **le gloussement** *ici:* rire étouffé, petits cris [14] **étrenner** porter pour la première fois **flambant neuf** (funkel)nagelneu [15] **enduire** appliquer (du gel) **la tignasse** *fam* (beaucoup de) cheveux [16] **hérisser** sträuben, aufrichten [18] **vache** *fam ici:* méchant [23] **minable** *fam* très médiocre [27] **épater** *fam* stupéfier, étonner [30] **se faire mousser** *fam* sich in Szene setzen

– Arrêtez, vous allez m'étouffer!

Et soudain, qui fend le groupe, la gueule enfarinée? Le beau Steph…

– Viens là, il me dit, faut que je te parle.

On s'éloigne tous les deux, sous les sifflements, les rires, les «hooouuuu».

Une fois seuls (!), Steph se râcle la gorge, me regarde dans les yeux et déclare, après un coup d'œil au voyant rouge de la plus proche caméra (accrochée dans un arbre):

– J'aimerais bien sortir avec toi.

Même si je m'y attendais plus ou moins, ça me fait l'effet d'un coup de poing dans le ventre. Je pique un fard. Il insiste:

– T'es d'accord?

D'instinct, je regarde autour de moi. Toute la cour a les yeux braqués sur nous. Enfin, presque. Sur le terrain de volley, quelques irréductibles jouent au ballon comme si de rien n'était. Dont Loud. Malgré moi, je me demande comment cette scène passe à l'écran. Bien, sans doute. Le style sitcom, ça marche toujours. Mais dix heures du matin, est-ce une heure de grande écoute?

– Je préférerais qu'on en parle ailleurs.

– Où? Quand?

– Euh… Cet aprem', dans le square. Vers sept heures, sept heures et demie, ça te va?

– Sept heures, O.K.

Il a un sourire à vous donner le frisson. «Qu'est-ce qu'il est mignon!» pense Gina-myself. Grand, blond, des cheveux hypercourts, et cette bouche, cette bouche… On ne voit qu'elle, dans son visage. Large, sensuelle, avec de grandes dents très blanches. Une bouche faite pour embrasser et susurrer des mots d'amour…

Y a pas une fille, à Franck-Marceau, capable de résister à cette bouche-là!

Sauf Gina.

2 **fendre** teilen, spalten **la gueule enfarinée** *loc fam* selbstgefällig 6 **se râcler la gorge** sich räuspern 11 **piquer un fard** rougir brusquement 14 **braqué,e** gerichtet 15 **irréductible** unnachgiebig 24 **le frisson** Schauder 28 **susurrer** murmurer

Parce que voilà, Gina n'est pas dupe. Elle sait exactement pourquoi le beau Steph lui court après. Pas parce qu'il est subitement tombé amoureux d'elle, non. Pour passer à la télé, tout simplement. Pour grappiller un petit morceau de sa gloire…

«On va bien rigoler!» se dit-elle.

Et elle le plante là pour revenir vers son groupe.

– Qu'est-ce qu'il te voulait? s'empressent ses copines.

– Ouais, allez, raconte!

– Il t'a dit quoi?

– Il te drague?

Gina pose le doigt sur ses lèvres.

– Chut, réponse à sept heures sur *Regardez-moi!*

Leur tête! À mourir de rire! Surtout celle de Lara!

À midi et demi, la moitié de la classe a tenu à m'escorter jusque chez moi. Le caméraman m'attendait près du collège, en fumant des clopes, et nous a illico emboîté le pas. Je lui ai fait un petit signe de reconnaissance, mais il n'a pas réagi.

Finalement, je n'irai pas à la piscine. Trop de monde. J'ai eu mon compte pour aujourd'hui. Même Caramelle, j'ai pas envie de la voir. Je vais bouquiner tranquillement, écouter des disques. Regarder la télé (un peu mon tour!), en attendant l'heure du rencard.

9 heures du soir

Après mûre réflexion, j'ai décidé de jouer le jeu, avec Steph. Histoire de divertir les téléspectateurs (et de faire bisquer les copines!). Eh bien, c'était pas mal du tout! Rien à voir avec Loud, évidemment! Loud, la première fois qu'il m'a embrassée, j'ai cru que j'allais m'évanouir. Normal: j'étais folle de lui! Y avait des semaines que je le matais en douce, et lui aussi, il me l'a avoué après. Mais aucun de nous deux n'osait faire le premier pas.

Je nous revois comme si c'était hier. On avait passé la journée à Beaubourg, avec le prof d'arts plastiques. Ses yeux et les miens se

[1] **dupe** naïf [4] **grappiller** aufschnappen [15] **la clope** *fam* cigarette [16] **illico** *fam* immédiatement [23] **mûr,e** reiflich [24] **bisquer** *fam* jdn auf die Palme bringen

cherchaient sans arrêt, mais, à chaque fois qu'ils se rencontraient, on paniquait. Impossible de soutenir le regard de l'autre. Trop suffocant …

L'expo de Bacon m'est complètement passée au-dessus. La visite terminée, on a pris l'escalator pour descendre. Quelqu'un m'a poussée. J'ai perdu l'équilibre et je suis tombée dans le dos de Loud qui était juste devant moi. De sentir sa chaleur à travers son T-shirt m'a mis le feu aux poudres. Je me suis agrippée à son cou. Il s'est retourné et m'a prise dans ses bras, soi-disant pour me rattraper. Ça n'a duré qu'une seconde à peine, mais quelle seconde! Y a eu comme un courant de cent mille volts, entre nous. Notre histoire venait de commencer.

Six mois, elle a duré. Et, malgré nos disputes, six mois inoubliables. Je n'aimerai sans doute plus jamais comme ça… Pourquoi il a cassé, ce con?

Enfin, bon, c'était lui ou *Regardez-moi!* J'allais quand même pas hésiter!

Pour en revenir à Steph, je sais maintenant ce qu'éprouvent les actrices, pendant les scènes d'amour. Vu de l'extérieur, on a l'impression qu'elles prennent un pied d'enfer. On se dit: «Qui pourrait rester insensible aux étreintes de – je ne sais pas, moi – Johnny Depp ou Brad Pitt? Personne, n'est-ce pas? Donc, elles décollent forcément!» Eh bien, pas du tout. Moi qui suis passée par là, je peux bien l'affirmer: ce n'est que de la comédie. Rien à voir avec l'amour, le vrai.

En revanche, c'est très agréable. Surtout avec le mec le plus canon de Franck-Marceau!

Je m'étais pomponnée pour aller le retrouver: débardeur noir, pantalon à poches noir, tennis noires, petite veste en jean. Les cheveux lâchés mais relevés devant par des tas de barrettes. Des bagues à tous les doigts. J'étais surexcitée, comme une comédienne avant de monter sur scène. Et à la pensée que des milliers de spectateurs me regardaient – dont Lara! – mon excitation montait encore d'un cran.

2 **suffocant** unerträglich 7 **mettre le feu aux poudres** *ici:* provoquer des sentiments violents **s'agripper** sich an jdn klammern 13 **le con** *fam* idiot 18 **prendre un pied d'enfer** *fam* aimer beaucoup, avoir beaucoup de plaisir 19 **l'étreinte** embrassement, enlacement 20 **décoller** *fig* abheben 23 **canon** *adj inv fam* formidable, magnifique 25 **se pomponner** sich herausputzen **le débardeur** Top 27 **la barrette** Haarspange 30 **un cran** *fig* degré **monter d'un cran** *ici:* sich um einen Grad/eine Stufe steigern

Il m'attendait derrière le tourniquet, et m'a directement prise par la main. Je l'ai laissé faire, tout en m'assurant, sans en avoir l'air, que le caméraman était dans les parages.

On est partis dans les allées bordées de bambous. Le soleil, déjà bas, allongeait nos ombres devant nous. Les chants d'oiseaux couvraient les bruits de la circulation.

On s'est arrêtés près du bassin. Je me suis assise au bord et j'ai frôlé l'eau avec mes doigts pleins de bagues. Les poissons rouges, croyant sans doute que c'était l'heure de la bouffe, se sont précipités, en faisant crever des bulles à la surface. Steph m'a dit que j'étais belle (sans en penser un mot, bien entendu!). J'ai répondu: «Toi aussi!» (Moi, je le pensais!) Alors il s'est penché vers moi et m'a embrassée.

Nos deux ombres confondues, sur le sable de l'allée, c'était d'un romanesque!

J'ai pensé: «Il embrasse nettement moins bien que Loud!» et, brusquement, j'ai eu comme un flash: Loud devant sa télé en train de nous regarder.

– Rien n'est possible entre nous, j'ai murmuré en repoussant Steph.

– Pourquoi?

– J'en aime un autre.

Alors lui:

– Je saurai te le faire oublier!

Ma parole, on était sur la même longueur d'ondes! Lui aussi avait vu *Autant en emporte le vent!* J'ai souri avec lassitude.

– Si tu y parviens, je veux bien être à toi…

Je regardais ailleurs, très loin. En fait, j'avais du mal à garder mon sérieux. Comment elles font, les comédiennes?

Valait mieux qu'on se sépare avant que j'explose de rire.

– Faut que j'y aille, j'ai dit, mes parents ont dû rentrer…

– Déjà?

– Ouais, ils vont se demander où je suis. (N'importe quoi: suffisait qu'ils allument la télé pour le savoir puisque *Regardez-moi!* est diffusé en continu!)

[1] **le tourniquet** Drehkreuz [3] **dans les parages** (irgendwo) in der Nähe [7] **frôler** toucher légèrement [9] **se précipiter** arriver vite [23] **être sur la même longueur d'ondes** *loc* die gleiche Wellenlänge haben [24] **Autant en emporte le vent** *Filmtitel:* Vom Winde verweht **la lassitude** fatigue, ennui

Steph m'a raccompagnée jusque devant mon immeuble et là, d'un geste brusque, m'a serrée contre lui. Il tremblait un peu. Ça m'a touchée. J'ai renversé la tête en arrière et nos lèvres se sont jointes fougueusement. Y avait du progrès depuis tout à l'heure!

Un coup de klaxon nous a interrompus. Papa était en train de se garer, juste derrière nous. Il a passé la tête par la portière.

– Voyons, Gina! a-t-il soufflé d'un air outré.

Et moi, très à l'aise:

– Papa, je te présente Steph.

– Euh, bonsoir m'sieur, a bredouillé Steph. On se voit demain, Gina?

– Qui est-ce? m'a chuchoté papa, tandis qu'il s'éclipsait.

– Un élève de troisième.

– Ton nouveau petit ami?

– Peut-être… (Difficile de lui avouer la vérité sans que tous les téléspectateurs soient au courant!) Mais rien n'est sûr, encore: on débute!

– Je vois…

Maman venait d'arriver et n'avait pas encore eu le temps d'allumer le poste.

– Ta fille a un nouveau copain! a claironné papa.

Sourire distrait.

– Ah oui? Tant mieux… Au fait, Gina, nous t'avons regardée, au bureau, ce matin. Sympas, tes profs, dis donc! Mes collègues ont été épatés. La comptable se demande même si elle ne va pas changer son fils de collège pour le mettre à Franck-Marceau: le sien n'est pas aussi bien…

Et voilà le travail! Bravo, Lharmattan! Si elle se doutait à quel point c'est faux, à quel point TOUT est faux!

3 **se joindre** sich verbinden 4 **fougueusement** leidenschaftlich 7 **outré** empört, entrüstet 10 **bredouiller** murmeln 12 **s'éclipser** disparaître 21 **claironner** ausposaunen 25 **épaté,e** *fam* surpris, stupéfait *v. épater* **le/la comptable** Buchhalter/in

Jeudi 4 mai

Ce matin, en passant devant le kiosque à journaux, qu'est-ce que je vois?

Moi.

Moi, en gros plan, à la une de Paris-Jour, avec en titre: *GINA, LA PETITE FIANCÉE DE LA FRANCE.* Paraît que je suis «un phénomène médiatique sans précédent» … J'ai pas eu le temps d'en lire plus, parce que le kiosquiste m'a alpaguée: «Bonjour Gina! Bien dormi?» Puis il s'est mis à brailler à la ronde: «Regardez, c'est Gina! Elle habite le quartier et achète ses magazines chez moi!» Il a ramassé au hasard *Elle, Jeune et Jolie, Quinze ans, Marie-Claire,* et me les a tendus. «Tiens, cadeau!» Un attroupement s'est instantanément formé autour de nous. «Alors, ça marche, avec Steph?» m'a lancé une grosse dame. «Chapeau! Il est joli garçon!» a ajouté une autre, qui poussait un landau. «Ton père n'avait pas l'air enchanté, dis donc!» a pouffé un petit monsieur à moustache. «On le comprend, a remarqué un vieux. Moi, ma fille …» J'ai pas entendu la suite, parce qu'ils se sont tous mis à parler en même temps. Ils me questionnaient, me donnaient des conseils sur mes fréquentations, mes études, ma façon de m'habiller. Moi, je disais: «Oui, oui … merci … c'est gentil … ne vous tracassez pas …» en distribuant des sourires. Je me sentais toute drôle, avec ces inconnus qui s'adressaient à moi comme s'ils me connaissaient depuis ma naissance. D'autant qu'il en venait sans cesse des nouveaux, et que pour m'en dépêtrer … J'avais beau répéter: «Je vais être en retard, laissez-moi passer, s'il vous plaît!», rien à faire. Quand je suis enfin arrivée à m'échapper, le kiosquiste m'a crié: «Reviens quand tu voudras: pour toi, ce sera toujours gratuit.» Et les gens ont applaudi.

J'ai couru tout le chemin sans plus regarder personne. Au lycée, rebelote: j'ai été prise d'assaut, si bien que les surveillants ont dû intervenir. Lharmattan s'est pointé et a spécifié que c'était un établissement

[5] **le gros plan** Großaufnahme [7] **sans précédent** *loc adv* sans exemple, jamais vu [8] **alpaguer** *arg* arrêter [9] **brailler** crier [12] **l'attroupement** *m* un groupe de plusieurs personnes [15] **le landau** Kinderwagen [20] **tracasser** faire des soucis [24] **se dépêtrer** se tirer, sortir **avoir beau faire qc** essayer sans résultat [29] **rebelote** *interj* ça recommence **prendre d'assaut** erstürmen

scolaire, ici, pas un champ de foire. Malgré ma notoriété, j'étais une élève comme les autres, jouissant des mêmes droits que mes camarades, dont celui d'avoir la paix. On était donc priés de se conduire correctement vis-à-vis de moi, sans quoi, il sévirait. «Je sanctionnerai sans pitié le moindre désordre! a-t-il décrété. Et ce, non par sévérité, mais par respect de la dignité humaine! Dois-je vous rappeler que, face à l'instruction, vous êtes tous égaux? La gloire est éphémère, mais la connaissance reste!» Puis il s'est adressé à moi, avec un bon sourire: «Allez, mon enfant, et n'ayez crainte, je veille!»

Pfiou, quel numéro de cirque!

N'empêche, ce discours pompeux a eu un résultat: les copains ont cessé de me harceler. Ils ont continué à me dévorer des yeux, mais à distance. Là, c'était supportable.

Il n'y a eu qu'une exception: Steph. Dès qu'il m'a aperçue, il m'a foncé dessus et, direct, le bras autour des épaules. Vu ce qui s'était passé hier, tout le monde a trouvé ça normal, y compris le dirlo. Nous étions officiellement ensemble.

Même Lara a bien dû l'admettre: Steph et moi formons le couple idéal. Qu'on n'éprouve aucun sentiment l'un pour l'autre ne regarde personne – à condition qu'on ne le montre pas.

Ça me fait vraiment un effet bizarre de sortir avec le sex-symbol du bahut, et de ne rien ressentir …

Enfin, si, je ressens une chose: que j'ai trouvé l'homme de la situation. Loud, je l'aurais traîné comme un boulet. Il n'est pas taillé pour la célébrité, ni moralement (trop fier, trop ombrageux … trop pudique: jamais il n'aurait accepté de m'embrasser en public!) ni physiquement (question beauté, il n'arrive pas à la cheville de Steph, malgré des yeux à se noyer dedans). Une chance qu'on se soit séparés avant, en fin de compte: il ne m'aurait apporté que des embrouilles! Steph, lui, plus on l'admire, plus il assure. On est de la même race, tous les deux: des

1 **le champ de foire** Jahrmarkt **la notoriété** célébrité 2 **jouir** avoir 4 **sans quoi** sonst **sévir** punir **sanctionner** punir 7 **éphémère** qui ne dure pas 12 **harceler** belästigen **dévorer** verschlingen 15 **foncer** auf jdn losgehen, sich auf jdn stürzen 16 **le dirlo** *fam* directeur 18 **admettre** zugeben 24 **le boulet** Eisenkugel 25 **ombrageux** empfindlich, schnell beleidigt **pudique** schamhaft 27 **arriver à la cheville de qn** *loc* jdn das Wasser reichen können 28 **se noyer** *fig* ertrinken, versinken 29 **l'embrouille** *f fam* problème

stars-nées! Et être star implique des sacrifices. Dans le choix du partenaire, entre autres …

7 heures et quart

Coup de fil de Steph: il voulait qu'on se voie. J'ai répondu:

– Pas aujourd'hui, je suis fatiguée.

– Allez, juste cinq minutes … Je passe chez toi, si tu veux!

– Non, pas aujourd'hui, je te dis: j'ai une tonne de trucs à faire.

– Quel genre de trucs?

– Si on te le demande …

– Gribouiller sur ton cahier, c'est ça? Y a au moins une heure que t'as pas levé le nez de ta feuille. Tu ponds un roman, ou quoi?

– Je tiens mon journal.

– Ah, d'accord …

Son ton méprisant m'a fait monter l'adrénaline.

– Ça te dérange? j'ai fait, agressivement.

Il a rigolé:

– Tenir un journal … C'est bien un trip de fille!

– Ouais, et alors?

– Alors, rien … Bon, je passe?

– Non, je suis pas à ta disposition!

Il est resté interloqué. Je parie qu'aucune nana ne l'avait jamais traité comme ça! Encore un avantage d'être LA vedette: on peut tout se permettre!

Un peu dépité, il m'a dit tchao avant de raccrocher. Et moi, très haut:

– Non mais qu'est-ce qu'il croit, ce mec? C'est pas parce qu'il a une belle gueule que je vais ramper devant lui!

J'espère que Lara et Caramelle ont entendu!

1 **le sacrifice** Opfer 10 **gribouiller** kritzeln 11 **pondre** *ici:* écrire 17 **le trip** *angl fam* truc 21 **interloqué** fassungslos **parier** wetten 24 **dépité** enttäuscht 27 **ramper** kriechen

Mes parents commencent à oublier la caméra, ça se sent tout de suite dans leur manière d'être. Papa parle normalement, maman est moins speed. Je les retrouve, quoi… Moi, par contre, j'ai constamment en tête que je suis filmée. C'est la différence qu'il y a entre nous. Entre moi et le reste du monde, en fait…

Je me demande comment on me perçoit, de l'extérieur. Comme une fille sympa ou comme une crâneuse? Impossible de le savoir. Sauf, peut-être, en lisant les journaux… Papa a fait une razzia au kiosque, avant de rentrer. Il a ramené toute la presse qui parlait de moi. Y en a un sacré paquet!

Titres, en première page:

– *Île-de-France-Matin: LE PHÉNOMÈNE GINA*

– *Le Citoyen: NOUS SOMMES TOUS DES GINAS*

– *Inforama: UNE PETITE FILLE PAR LE TROU DE LA SERRURE*

Je recopie au hasard quelques extraits d'articles:

La flambée d'enthousiasme qu'a suscitée l'apparition à l'écran de cette adorable adolescente, ambassadrice de charme d'une jeunesse qui se reconnaît en elle et dont elle est d'ores et déjà l'idole, sera, soyons-en sûrs, l'événement de l'année. (Île-de-France-Matin.)

Cette chronique intimiste et tendre, prise sur le vif sans le moindre truquage, vaut largement les spectacles les plus sophistiqués. (Inforama.)

Peut-on rester insensible à la fraîcheur juvénile, et surtout à l'authenticité, de cette Mademoiselle Tout-le-monde sortie de l'anonymat pour notre plus grand plaisir? (Hebdo-flash.)

Gina Lorrain est belle puisqu'elle nous ressemble. (Midi-première.)

Regardez Gina, regardez-vous, regardez Regardez-moi!, *vous ne le regretterez pas! (Interlude.)*

Eh bien, si j'avais encore des doutes quant à mon image, les voilà balayés!

[4] **speed** *angl fam* très agité, excité [7] **percevoir** wahrnehmen [8] **la crâneuse** Angeberin [11] **un sacré paquet** *fam* une grande quantité [18] **la flambée** plötzlicher Anstieg **susciter** causer, provoquer [20] **d'ores et déjà** dès maintenant [22] **intimiste** *litt* persönlich [23] **le truquage** Verfälschung **sophistiqué** raffiniert [24] **juvénile** de la jeunesse

Mardi 9 mai

Je n'ai rien écrit dans mon journal, depuis quatre jours. Pas le temps. Pas le courage. Aujourd'hui, j'ai décidé de m'y mettre et de rattraper mon retard: ce serait trop bête de perdre ne serait-ce qu'un détail de ce que je vis en ce moment. Voici le résumé des derniers épisodes du «feuilleton Gina», comme l'appelle papa.

Vendredi

Steph est aux petits soins pour moi. Il m'offre un débardeur avec écrit «je t'aime» en caractères japonais (paraît que c'est la grande mode à Tokyo): «Pour me faire pardonner mon insistance d'hier», précise-t-il. Je cours le passer dans les toilettes. Il me va comme un gant. Steph a droit à un gros bisou.

Caramelle me boude, je ne sais pas pourquoi. En fait, je me suis aperçue que la classe était scindée en deux: ceux qui n'en ont – prétendent-ils! – rien à cirer de l'émission, et mes fans. Ce sont les plus nombreux, évidemment! Les autres, les non-fans, se composent essentiellement de Loud (ben tiens!), Sidali, Cédric, Thomas, Franck, Aïcha... et maintenant, Caramelle. Du coup, elle est allée s'asseoir près de Natacha, et Noémie a pris sa place.

Rien à signaler de particulier, à part qu'on m'a demandé des autographes, dans la rue. Et que *Télé-club* a mis des affichettes chez tous les commerçants: *Gina et Steph: leur romance n'est-elle qu'un feu de paille?* avec notre photo en train de nous embrasser.

Samedi

Barbecue chez tante Nicole et oncle Bernard, à Moussy-le-Neuf, en Seine-et-Marne. En général, je déteste y aller, mais, vu les circonstances, je me dis que ce sera certainement moins soporifique que

6 **le feuilleton** Fernsehserie 8 **être aux petits soins pour qn** *loc* sich sehr kümmern, sehr aufmerksam sein 10 **l'insistance** *f* Aufdringlichkeit, *v. insister* 11 **aller comme un gant à qn** *loc* jdm wie angegossen passen 13 **bouder qn** *fam ici:* ne plus parler à qn 14 **scinder** diviser, couper 20 **l'autographe** *m* Autogramm 22 **le feu de paille** Strohfeuer 27 **soporifique** *fig* ennuyeux

d'habitude. Tu m'étonnes! Ils ont invité tout le village. Je suis quasiment portée en triomphe.

Le camion-régie, qui nous a suivis, se gare dans la petite rue derrière, et tante Nicole invite le caméraman à boire un coup. Il refuse. «Ces gars-là, c'est comme les flics: jamais dans l'exercice de leurs fonctions!» se marre oncle Bernard. Au salon, la télé est allumée sur *Regardez-moi!,* si bien que les invités qui sont à l'intérieur peuvent suivre en direct ce qui se passe dans le jardin.

Le repas dégénère assez rapidement. Des types un peu éméchés beuglent et font les gugusses devant la caméra. Je rentrerais bien sous terre! Qu'est-ce que les téléspectateurs doivent penser de nous? Pour arrêter le carnage, une seule solution: m'éclipser en catimini. Le caméraman me suit, bien sûr, ainsi que la vieille Poupoune. (C'est la chienne de ma tante, et je l'adore!) Direction, les champs. Enfin du silence! Poupoune court devant, débusque des lapins, les poursuit en aboyant comme une folle. Je me sens si bien, soudain, que je me mets à chanter. Bon, d'accord, je ne suis pas Céline Dion, mais c'est quand même plus cool que les éructations des poivrots!

Quand je reviens, les voisins sont partis. Pas trop tôt! J'aide maman à débarrasser et à faire la vaisselle. Oncle Bernard, qui a trop picolé, ronfle dans une chaise longue. Tante Nicole et papa discutent sous la tonnelle. À six heures, on lève le camp. Ouf, la corvée est finie.

En rentrant, je trouve une lettre de Caramelle sous la porte, marquée CONFIDENTIEL. Je vais aux toilettes pour la lire (c'est plus simple que de me planquer derrière ma barricade de livres, comme quand j'écris mon journal).

Caramelle m'explique pourquoi elle m'a laissée tomber. Elle trouve que j'ai changé et n'apprécie pas ma nouvelle personnalité (!). D'après elle, je suis devenue prétentieuse et imbue de moi-même (!!). En plus,

[9] **dégénerer** *ici:* ausarten **éméché** *fam* beschwipst [10] **beugler** *fam* crier **le gugusse** clown [12] **le carnage** *fam* Verwüstung **en catimini** *loc adv* discrètement [15] **débusquer** faire sortir, chasser [18] **l'éructation** *f litt* Aufstoßen **le poivrot** *fam* ivrogne [20] **débarasser** *ici:* den Tisch abräumen **picoler** *fam* boire de l'alcool [21] **ronfler** schnarchen [22] **la tonnelle** Gartenlaube **lever le camp** partir **la corvée** *fig* travail ou devoir pénible, qui déplaît [24] **confidentiel** vertraulich [25] **planquer** *fam* cacher [29] **prétentieux,se** eingebildet **être imbu,e de soi-même** von sich selbst eingenommen sein

ma relation avec Steph la dégoûte. «C'est de la provoc', prétend-elle. Je préférais Loud qui était bien plus clean.» Et, troisièmement, elle déteste être filmée chaque fois que nous sommes ensemble. «Je me sens presque violée et ça me rend complètement parano.» Bref, elle ne m'assume plus, mais espère que, dans trois mois, quand l'émission sera terminée, notre amitié redémarrera comme avant.

Ça m'a fichu un coup: on est copines depuis la sixième.

Dimanche

Je décide d'aller m'acheter des fringues, aux puces. Maman me le déconseille.

– Si les gens te reconnaissent, il va encore y avoir une émeute!

Je lui objecte que, dans la foule, j'ai toutes les chances de passer inaperçue. Je ne peux quand même pas rester prisonnière entre mes quatre murs sous prétexte que je suis célèbre!

Le métro est quasiment vide, heureusement: on est en bout de ligne. Je choisis une rame déserte et m'assieds sur un strapontin. Le caméraman, lui, reste debout, toujours aussi effacé, son éternel sac en bandoulière. Faudrait être devin pour soupçonner qu'il me filme.

À Marcadet, deux filles montent et s'installent près de moi. Elles parlent fort, pouffent pour un oui pour un non. D'office, elles me sont antipathiques. L'une d'elles allume une cigarette, l'autre me mate puis la pousse du coude:

– Eh, c'est Gina!

– T'es Gina? me demande celle qui fume.

Je fais oui de la tête en regardant obstinément par la vitre, histoire de bien montrer que je ne suis pas disponible.

[1] **dégoûter** anwidern **provoc'** *abr* de provocation [2] **clean** *fam* aufrichtig, bescheiden [4] **violé,e** vergewaltigt **parano** *abr fam* de paranoïaque (geistes)gestört [5] **assumer** supporter, accepter [6] **redémarrer** *fig* recommencer [7] **ça m'a fichu un coup** *fam* es hat mir einen schweren Schlag versetzt [9] **le marché aux puces** Flohmarkt [10] **déconseiller** abraten [11] **l'émeute** *f* Aufruhr [12] **objecter** erwidern [14] **sous prétexte** unter dem Vorwand [16] **la rame** train de métro **le strapontin** Notsitz, Klappsitz [17] **effacé,e** discret **le sac en bandoulière** Tasche mit Schulterriemen [18] **le devin** Hellseher [25] **obstinément** stur, hartnäckig

– Quoi, tu nous snobes? lance la première, agressivement. Tu penses que t'es mieux que nous parce que tu passes à la télé?

– Laisse tomber, c'est une bêcheuse, dit l'autre.

– Je ne suis pas une bêcheuse, j'ai pas envie de parler, point. Vous croyez que c'est marrant d'avoir cinquante personnes sur le dos dès qu'on met le nez dehors?

– Plains-toi! J'aimerais bien être à ta place! siffle celle qui fume. On échange quand tu veux!

– Moi, j'ai écrit à Socio-life, ils n'ont même pas daigné me répondre, reprend sa copine. Pourtant, quand je te vois … Qu'est-ce que t'as de plus que moi? (Prenant l'autre à témoin:) Hein, elle est pas mieux que moi!

– Mais non, voyons, elle a dû être pistonnée … Tu sais bien que tout est bidouillé, à la télé!

Je proteste:

– N'importe quoi, personne m'a pistonnée!

– C'est ça, on te croit! Tu nous prends pour des débiles?

Elles me serrent de près. Celle qui fume m'attrape par le devant de mon T-shirt.

– Tu leur diras de ma part que ce sont des pourris, dans ta chaîne de merde. Et en plus, t'es moche …

Elle me repousse d'un geste brusque, méprisant. Au même moment, on arrive porte de Clignancourt. Je me sauve en courant. Leurs rires moqueurs me suivent jusqu'au bout de la station.

J'ai tellement la haine que je reprends illico le métro en sens inverse. En me voyant rentrer, maman s'étonne:

– Déjà?

– Ouais, y avait trop de monde.

– C'est ce que tu voulais, non? L'anonymat de la foule …

La voix de papa me parvient du salon:

– Pas très nombreuse, ta foule! Elles n'étaient que deux …

[1] **snober** *fam* von oben herab behandeln [3] **la bêcheuse** *péj* hochnäsige Pute [9] **daigner faire qc** geruhen, sich herablassen etw zu tun [13] **être pistonné,e** sich etw durch Beziehungen beschaffen [14] **bidouillé** *fam* truqué [17] **débile** *fam* idiot, bête, nul [20] **pourri** *péj* Dreckskerl [25] **avoir la haine** *fam* en avoir marre

Je me sens ridicule. J'avais oublié que, quoi que je fasse et où que j'aille, on sait tout de moi. Je ne peux même plus mentir…

Dégoûtée, je file dans ma chambre.

Comment je vais bien pouvoir occuper le reste de ma journée? Plus question que je sorte… Si j'appelais une copine?

Qui? Caramelle?

J'essaie à tout hasard. Elle s'étonne:

– T'as pas lu mon mot?

– Si, mais j'en ai gros sur la patate …

– Qu'est-ce qui se passe?

– T'as pas regardé l'émission, ce matin?

– Non.

Je lui raconte la scène.

– Ça, fallait t'y attendre! En classe aussi, on te critique, tu sais! Ceux qui te font des sourires par-devant, juste histoire de passer à *Regardez-moi!*, ne se privent pas de te traîner dans la boue dès que tu as le dos tourné!

– Merci de me remonter le moral!

– Je m'en fiche de ton moral, j'essaie de te mettre en garde, c'est tout. J'ai beaucoup réfléchi, depuis quelques jours. Fais gaffe, ma vieille, t'es mal barrée. Tu ne vis plus, tu joues un personnage. Et ce personnage-là, y en a plein qui ne le supportent pas!

Elle me fait chier, je raccroche. Et, dans la foulée, je téléphone à Steph. Lui, au moins, ne me prend pas la tête.

Une demi-heure plus tard, il est là.

Sa présence me réconforte. Il est si gentil, si empressé. (Mais que dit-il de moi, par-derrière? Mieux vaut ne pas y penser…)

On écoute des disques dans ma chambre, on danse. On s'embrasse. Du coup, maman rapplique sous prétexte de nous apporter des boissons.

– Un peu de tenue, la France vous observe… et moi aussi! nous recommande-t-elle.

[9] **en avoir gros sur la patate** *loc fam* avoir du chagrin [16] **se priver de** sich zurückhalten **traîner qn dans la boue** über jdn herziehen [19] **je m'en fiche** *fam* ça m'est égal [20] **faire gaffe** *fam* faire attention [21] **être mal barré,e** *fam* alt aussehen [23] **faire chier** *fam* jdm auf den Wecker gehen **dans la foulée** gleich im Anschluss [26] **empressé** aufmerksam, zuvorkommend [29] **rappliquer** *fam* venir, arriver [30] **la tenue** Verhalten, Benehmen

Comme si on ne le savait pas!

Par simple provocation, on s'embrasse trois fois plus, façon Hollywood. Ce qu'il y a de chouette, avec Steph, c'est qu'il démarre au quart de tour. On fait du cinéma? On fait du cinéma. Ça ne nécessite aucune explication.

L'audimat va monter, d'autant que le dimanche après-midi, les gens sont tous devant leur poste. Ils n'ont rien d'autre à glander.

Maman revient dare-dare. Cette fois, on a vraiment dû la choquer. Mère compréhensive, soit, mais seulement jusqu'à un certain point.

Elle ne nous engueule pas, non – bien qu'à mon avis, ce ne soit pas l'envie qui lui manque. Mais pas devant des milliers de téléspectateurs. Elle n'a pas envie de passer pour une mégère.

– Si vous restiez près de nous, au salon? se contente-t-elle de proposer. J'ai acheté de la tarte …

On n'ose pas refuser. Après le goûter, papa met gentiment Steph à la porte:

– Gina n'a pas terminé son travail scolaire.

En temps normal, il l'aurait sermonné et moi aussi. Sans commentaires.

Lundi

RAS. J'ai révisé mon anglais, pour une interro. Le soir, c'est moi qui ai préparé le dîner: pâtes carbonara, salade de concombre, mousse au chocolat. Ma mousse était délicieuse!

Aujourd'hui

À la une d'*Île-de-France-Matin:* LE BAISER. Une pleine page nous montrant, Steph et moi, en train de nous rouler une pelle. Ça m'a donné un choc, je me suis sentie hypergênée. Sous la photo: *Le geste d'amour qui a fait palpiter la France.* Je la comprends, la France! Moi

4 **au quart de tour** tout de suite 6 **l'audimat** *m* Einschaltquote 7 **glander** *fam* faire 8 **dare-dare** *fam* schnurstracks 12 **la mégère** Furie 15 **le goûter** repas que l'on prend dans l'après-midi 18 **sermonner** zurechtweisen 21 **RAS** rien à signaler 26 **rouler une pelle à qn** *fam* mit jdm knutschen 28 **faire palpiter** faire battre le cœur plus fort, intéresser vivement

aussi, je palpite, et nettement plus qu'en vrai! Vues de l'extérieur, les choses sont beaucoup plus impressionnantes que quand on les vit…

Le Courrier européen, lui, s'interrogeait: *Quelles sont les limites du voyeurisme?* avec la même photo, mais plus petite. Nos bouches étaient cachées par un rectangle blanc marqué: *CENSURÉ*. J'ai pas trop apprécié. Les deux journaux étaient exposés à la vitrine du kiosque, et quand je suis passée devant, en allant au bahut, le kiosquiste a levé le pouce pour faire le signe «super»! J'ai même pas ralenti.

En classe, réactions plutôt sympas des copines, sauf Lara qui m'a chuchoté: «Salope!», dans le rang. Quant à Steph, il n'a jamais autant fanfaronné!

[11] **fanfaronner** sich aufspielen

Mercredi 10 mai

J'ai remis le journal intime au goût du jour. C'est en tout cas ce qu'affirmait *Paris-presse,* ce matin. Titre: *Mimétisme ou prise de conscience?* Le journaliste interviewait de nombreux adolescents qui, tous, se sont mis à écrire leur journal intime en me voyant, et s'interrogeait sur *les conséquences imprévues de certains phénomènes de mode particulièrement irritants.* Sa conclusion m'a laissée perplexe: *Pour insipide qu'elle soit, l'émission* Regardez-moi! *aura au moins eu cet effet bénéfique: pousser nos jeunes à reprendre la plume, comme le faisaient leurs parents et leurs grands-parents. À quelque chose, malheur est bon…* Pas très sympa pour moi, cet article!

11 heures moins vingt

La prochaine émission littéraire sera consacrée au journal intime. Ils l'ont annoncé après les infos. Marrant, non? Je suis peut-être insipide et irritante, mais j'influence la programmation des autres chaînes! Alors, les critiques, hein!…

3 **le mimétisme** Nachahmung 7 **insipide** ennuyeux 8 **bénéfique** qui fait du bien
13 **consacrer** widmen

Jeudi 11 mai

Un type m'a craché dessus en me traitant de «pétasse», sur le chemin du bahut. Les gens sont méchants, c'est horrible!

[2] **cracher** spucken **pétasse** *vulg péj* prostituée

Vendredi 12 mai

J'ai reçu une lettre de mamie. Elle dit qu'elle me regarde vingt-quatre heures sur vingt-quatre. Même quand elle dort, elle laisse la télé allumée, dans sa chambre. Ça lui donne un peu l'impression de vivre avec moi. Mais en même temps, elle se tourmente. «Tu es comme une souris de laboratoire qu'on observe à la loupe et dont on décortique chaque geste, chaque réaction. Où est la dignité humaine, là-dedans? Je ne comprends pas que tes parents t'aient autorisée à tenter cette expérience.» Pauvre mamie, elle est complètement larguée! Normal: les mentalités ont évolué, depuis son époque. Entre *Au théâtre ce soir* et les life-shows, y a quand même une sacrée différence!

[5] **se tourmenter** se faire des soucis [6] **décortiquer** *ici:* analyser [9] **être largué,e** *fig* ne plus comprendre [10] **Au théâtre ce soir** *Fernsehsendung von 1966 bis 1985*

Samedi 13 mai

Les profs se divisent en deux catégories: ceux qui friment et les autres. Avec ceux qui friment, pas de problème: ils sont tellement occupés à soigner leur image qu'ils nous fichent une paix royale. C'est le cas de Ceccaldi, Gensac, Fesjen, sans parler de Lharmattan, le pire de tous. En revanche, les autres, les «irréductibles», comme on les appelle, désapprouvent l'émission et veulent à tout prix montrer que le fait d'être filmés n'influe pas sur leur comportement. Du coup, ils nous en font baver trois fois plus, surtout moi. «Votre notoriété ne vous rend pas différente de vos camarades», me répète sans cesse Momo, le plus «intégriste» de tous. Et chtac, une mauvaise note.

Alors bon, j'ai fini par craquer. Je l'ai remis à sa place. C'était ce matin, en deuxième heure. Pendant son cours, j'ai envoyé un petit billet à Caramelle. *Tu me manques. Ce serait bien si on renouait. J'ai rêvé de toi, la nuit dernière, et, au réveil, j'ai pleuré!* (C'était la vérité vraie!)

Signé: ta Gigi. Le problème, c'est que Momo l'a intercepté au moment où Audrey le passait à Natacha.

– Apportez-moi ça! il a dit.

– C'est pas ma faute, on me l'a donné! a protesté Audrey avant d'obéir, toute penaude.

Momo a déplié le billet, a ricané, puis l'a brandi entre le pouce et l'index comme un vieux Kleenex usagé.

– Mademoiselle Lorrain, est-ce à vous que nous devons cette remarquable prose?

J'ai pas aimé son ton ironique et méprisant. Pas du tout du tout. Je me suis dressée d'un bond.

– Oui, mais elle ne vous était pas destinée, vous n'aviez pas à la lire!

Vlan! dans les gencives!

Une rumeur admirative est montée de la classe, quelques applaudissements, mais Momo ne s'est pas laissé démonter pour autant. Il a lâché, du bout des lèvres:

[2] **frimer** *fam* angeben [7] **désapprouver** missbilligen [8] **influer sur qc** influencer [9] **faire baver** *fam* faire souffrir [11] **intégriste** fondamentaliste [12] **craquer** s'énerver [14] **renouer** wieder vertragen [16] **intercepter** abfangen [20] **penaud,e** verlegen [21] **brandir** drohend schwingen [26] **d'un bond** brusquement [28] **les gencives** *fam fig ici:* dents

– Vous voilà bien prude, pour quelqu'un qui étale sa vie privée en public!

Celle-là, je l'attendais! J'étais même étonnée qu'elle ne soit pas venue plus tôt!

– Et alors, ça vous dérange?

– Absolument! Je trouve cette exhibition obscène et je désapprouve ceux qui s'y prêtent, à tous les niveaux. Quant à vous, le fait d'être victime d'un système pervers qui flatte votre ego en vous exploitant n'excuse ni votre insolence, ni votre arrogance. Alors, baissez d'un ton, s'il vous plaît!

– Je ne baisserai rien du tout! Et vous savez ce qu'elle vous dit, la victime?

C'est sorti malgré moi. La classe a embrayé. Y a eu un chahut monstre, des rires, des cris d'animaux. Momo, hors de lui, a ramassé son sac et est sorti sous les huées.

Je tremblais de la tête aux pieds.

À la récré suivante, Lharmattan m'a convoquée dans son bureau. Il donnait raison à Momo et exigeait que je lui fasse des excuses sous peine d'un avertissement. J'ai refusé… et je me suis fait engueuler grave par mes parents. Mais je m'en fous: je suis sûre que les téléspectateurs sont de mon côté!

minuit moins 20

J'arrête pas de penser à ce qui s'est passé aujourd'hui. C'est fou les proportions que prend la moindre chose dans ma situation. Une question me turlupine: est-ce que j'aurais osé répondre à un prof si je ne m'étais pas crue «invulnérable» grâce au voyant rouge? Pas sûr…

L'autre question que je me pose, c'est: mes parents auraient-ils réagi aussi violemment s'ils n'avaient pas assisté à la scène en direct (ainsi que leurs collègues de travail, les voisins, etc.)? Ils ont dû se sentir vexés, humiliés, bien plus que si quelqu'un leur avait simplement

9 **l'insolence** *f* Frechheit, Unverschämtheit 13 **embrayer sur qc** commencer à parler 15 **les huées** *f pl* Buhrufe 19 **l'avertissement** *m* Verwarnung, Mahnung **se faire engueuler par** *fam* von jdm. angeschnauzt werden 25 **turlupiner** *fam* tourmenter 26 **invulnérable** unverwundbar

raconté, le dirlo, par exemple, ou moi, ou Momo… Après tout, c'est leur éducation qui est remise en cause devant des milliers de téléspectateurs! D'où, l'engueulade: fallait bien qu'ils prouvent qu'ils ont de la poigne! Pareil pour Lharmattan. Est-ce qu'il m'aurait donné un avertissement pour si peu de chose, en temps normal?

Dur-dur de n'avoir plus de rapports à deux, ou à trois, ou à quelques-uns, mais à mille! Ça complique tout! Et, en même temps, je me sens beaucoup plus forte en face de l'Autorité (avec un A majuscule, comme dirait Momo), grâce à tous ces témoins. J'ai le sentiment qu'en cas de conflit, la moitié de la France prendrait ma défense. Devant ça, ni mes parents ni les profs ne font le poids!

[3] **l'engueulade** *f fam* Anpfiff, *v. engueuler* [4] **la poigne** *ici:* l'autorité [11] **ne pas faire le poids** *loc* nicht das nötige Format haben

Lundi 15 mai

Je suis mal, mais mal! À huit heures et demie, en arrivant au bahut, une drôle de surprise m'attendait: le comité de parents d'élèves. Trente personnes, au moins. Ils avaient accroché une banderole à la grille: «Nous exigeons une sanction exemplaire.» J'ai pas tout de suite compris que ça me concernait, mais ils se sont vite chargés de me l'apprendre. L'engueulade de papa et maman, à côté, c'était du pipi de chat! Paraît que je suis un mauvais exemple pour tous les élèves … Ils veulent que cesse (je cite) «cet étalage crapuleux dont nos enfants sont les témoins». Lharmattan a été obligé d'intervenir, et la représentante de la délégation, Mme Delpierre, la mère d'un petit de sixième, l'a prévenu qu'ils retireraient massivement leurs mômes de Franck-Marceau si je n'étais pas virée d'urgence.

Qu'on puisse me détester à ce point-là, ça m'a vraiment secouée. Une fois dans la cour, je me suis mise à pleurer. Caramelle a eu un élan vers moi pour me consoler, mais s'est retenue. Heureusement, Steph m'attendait. Dans ses bras, je me suis un peu calmée.

Aussi sec, les parents d'élèves ont crié au scandale. Y a même une vieille qui a parlé de pornographie!

«La bave des crapauds n'atteint pas Roméo et Juliette!» m'a glissé Steph, tout bas, à l'oreille.

Lharmattan leur a promis de trouver une solution. Il a annoncé qu'il allait faire un sondage dans les familles et se plier à la décision de la majorité. Me voilà en sursis …

10 heures du soir

Bonjour la levée de boucliers! L'affaire Momo et ses conséquences suscitent une incroyable polémique dans la presse, à la télé, à la radio. Tout le monde prend parti, y a les pour et les contre, des sociologues

[4] **la banderole** Spruchband [9] **l'étalage crapuleux** niederträchtige Zurschaustellung [12] **le môme** *fam* enfant [13] **virer** *fam* rauswerfen [14] **secouer** erschüttern [20] **la bave du crapaud n'atteint pas (la blanche colombe)** *loc prov* Der Speichel der Kröte erreicht die weiße Taube nicht. [23] **se plier** se soumettre [24] **en sursis** auf Bewährung [26] **la levée de boucliers** *fig ici:* démonstration d'opposition

et des psychos s'en mêlent, discussions, débats, articles, interviews… Les uns prétendent que mon attitude révèle le malaise de l'enseignement, d'autres qu'à travers moi, la jeunesse exprime ses révoltes devant un *système obsolète*, d'autres encore, s'effraient de ce que *Regardez-moi!* jette de l'huile sur le feu. On me présente comme un *symbole* (je cite), *un porte-drapeau, une égérie.* Eh, ho, calmos! J'ai pas les reins assez solides, moi! Et je ne fais pas de politique…

4 **obsolète** ancien, vieux **s'effrayer** avoir peur, craindre 6 **le porte-drapeau** Fahnenträger **l'égérie** *f* muse **calmos!** *interj* du calme **avoir les reins solides** *loc* für etw stark genug sein

Mardi 16 mai

J'ai encore rêvé, mais de Loud, cette fois. Un rêve bouleversant. On était sur une île déserte, seuls tous les deux, et on s'aimait. Je sentais ses lèvres sur les miennes, le goût de sa bouche, la douceur de sa langue, et personne, personne ne pouvait nous voir. La mer infinie, les mouettes, la plage, le bruit du vent, le clapotis des vagues, rien que pour nous … C'était merveilleux!

Ma déprime, au réveil, en retrouvant le voyant rouge! J'ai filé vers la salle de bains où je me suis effondrée en larmes. Maman a dû m'entendre parce qu'elle a toqué à la porte.

– Ça va, Gina?

J'ai pas pu répondre, je sanglotais trop.

– Ouvre-moi, ma chérie.

J'ai ouvert. Elle a refermé la porte et m'a prise dans ses bras. Je suis restée contre elle à pleurer, longtemps, longtemps. Elle m'embrassait les cheveux en répétant: «Mon pauvre bébé… C'est cette émission qui te perturbe comme ça … Nous n'aurions jamais dû donner notre accord … Mon pauvre petit bébé, je m'en veux, tu ne peux pas savoir …»

Elle m'a essuyé le visage avec une serviette, puis a voulu partir pour me laisser m'habiller.

– T'en va pas, s'il te plaît, j'ai demandé.

En fait, ça me faisait un bien fou de pouvoir lui parler sans témoin. Je crois que c'est à ce moment-là que j'ai réalisé. Que j'ai VRAIMENT réalisé, je veux dire. Je ne supportais plus qu'on me regarde, c'était physique. Je voulais la paix, LA PAIX!

JE VOULAIS RESTER DANS LA SALLE DE BAINS!

Maman s'est assise sur le bord de la baignoire et on a beaucoup discuté. J'ai vidé mon cœur. Elle, le sien. Jamais je ne m'étais sentie autant en confiance, avec elle. C'était comme une libération. On a décidé que, dorénavant, chaque fois qu'on aurait quelque chose à se dire, on se retrouverait ici, loin des regards indiscrets. Cette perspective m'a un peu soulagée.

[6] **le clapotis** Plätschern [9] **s'effondrer** zusammenbrechen [10] **toquer** frapper [12] **sangloter** pleurer [30] **dorénavant** à partir de maintenant

N'empêche, faut que je tienne le coup jusque fin juillet. Encore deux mois et demi. Je me demande si j'y arriverai…

Maman m'a conseillé de cesser de frimer. De redevenir comme avant. D'après elle, c'est parce que je ne suis pas moi-même que je déjante. On ne peut pas, nuit et jour, jouer un personnage sans finir par perdre les pédales. De son côté, elle va voir avec papa ce qu'il y a moyen de faire. Peut-être s'arranger avec Socio-life pour qu'ils me ménagent des temps de pause? Ce serait bien…

Ça m'a aidée à me ressaisir. J'ai pris de bonnes résolutions: d'abord, suivre son conseil et essayer d'oublier que je suis filmée. Retrouver ma vraie personnalité… Ensuite, rompre avec Steph. Puis tenter de renouer avec Caramelle. (En fait, c'est surtout avec Loud que j'aimerais renouer, mais ça… Malgré mon rêve, je l'ai perdu et bien perdu, hélas!)

Il était huit heures vingt quand je suis sortie de la salle de bains, les yeux encore bouffis malgré une méga-couche de fond de teint tartinée tout autour. Papa était déjà dans la voiture, et maman me criait: «Au revoir, ma chérie» du pas de la porte. Comme je n'avais pas le temps de déjeuner, j'ai chopé une biscotte dans le placard et je l'ai grignotée en chemin. Enfin… grignotée est un bien grand mot: j'avais une telle nausée qu'à la troisième bouchée, la biscotte a terminé dans le caniveau.

– Tu n'as pas honte? m'a lancé une mémère à chien-chien, du trottoir d'en face. Gaspiller de la nourriture alors que les enfants du tiers-monde meurent de faim! Bel exemple pour ceux qui te regardent!

J'ai failli lui répondre que si ça la dérangeait, elle n'avait qu'à leur donner son clebs à bouffer, aux enfants du tiers-monde, mais je me suis retenue. Ce genre de réflexion ne me ressemble pas.

Je suis arrivée dans la cour au moment où les rangs se formaient. Tout le collège se demandait où j'étais. Ils m'ont accueillie avec des cris de joie: «Ah, la voilà… la voilà!»

– On avait peur que tu ne viennes pas, avec le ramdam des parents d'élèves! m'a chuchoté Noémie comme je me glissais dans la file.

5 **déjanter** *fam* avoir un comportement anormal 6 **perdre les pédales** *loc fam* ins Schleudern geraten 8 **ménager** *ici:* réserver 15 **bouffi** verquollen **tartiner** schmieren 18 **choper** *fam* prendre, attraper **la biscotte** Zwieback **grignoter** manger 20 **la nausée** Übelkeit **le caniveau** Rinnstein 21 **la mémère** *pop* grand-mère 22 **gaspiller** verschwenden 25 **le clebs** *fam péj* chien 30 **le ramdam** *fam* Tamtam 31 **la file** queue, colonne

Quelle sollicitude! C'est vrai qu'en mon absence, Franck-Marceau et tous ses élèves retombent dans l'anonymat. Je suis leur petite miette de célébrité …

Pour combien de temps encore? Ça dépendra du sondage de Lharmattan.

J'ai cherché Loud des yeux. Est-ce qu'il s'était, lui aussi, inquiété pour moi?

Il regardait ailleurs …

À dix heures, j'ai annoncé à Steph que tout était fini entre nous. Il l'a pris de très haut et m'a traitée de «pauvre minable». Je préférais nettement ça. S'il avait fait semblant d'être malheureux, j'aurais été capable de revenir sur ma décision.

Par contre, impossible d'approcher Caramelle. Elle se comporte comme si je n'existais pas. Et chaque fois que je tente d'aller vers elle, elle s'esquive. Je suppose que c'est pour éviter d'être filmée … Comment lui donner tort?

11 heures 12

Ce soir, au journal télévisé, ils ont parlé de ma rupture avec Steph.

– *Le petit couple qui faisait fantasmer toute la France vient de se séparer,* a annoncé la présentatrice avec un gloussement moqueur. *Ceux qui ont suivi l'événement en direct se disent «choqués». Écoutons le témoignage de Mme Duculot, retraitée.*

Gros plan sur une mamie à cheveux blancs.

– *Madame Duculot, rien ne va plus entre Gina et Steph. Comment vivez-vous cela?*

– *Je suis effondrée. Ils n'avaient pas le droit de nous faire un coup pareil! C'est encore pire que quand mes enfants ont divorcé.*

– *Vous leur en voulez?*

– *Beaucoup! Ils m'ont terriblement déçue!*

Elle a reniflé, et s'est essuyé le nez avec son mouchoir.

1 **la sollicitude** Fürsorge 2 **la miette** petit morceau de pain ou de gateau 15 **s'esquiver** aus dem Weg gehen 16 **donner tort à qn** jdm unrecht tun 26 **effondré,e** am Boden zerstört

– *Briser le rêve de milliers de téléspectateurs n'est pas anodin,* a conclu la présentatrice. *Ce soir, une bonne partie de nos compatriotes est en deuil de ses illusions…*

Papa a éteint en grognant:

– Bande de ploucs!

Il a pris rendez-vous avec M. Combourg, jeudi matin. J'espère que ça donnera quelque chose, qu'il pourra m'obtenir un peu de liberté. Maman compte proposer qu'on ne me filme plus qu'à mi-temps, quitte à diminuer mon salaire de moitié…

Ah, si cette maudite lampe rouge, là, entre le plafond et l'étagère, pouvait s'éteindre ne serait-ce que quelques heures par jour, quel soulagement!

[1] **anodin,e** sans importance [3] **être en deuil** um etw trauern [5] **le plouc** *fam péj* Bauer

Mercredi 17 mai

Steph est revenu à la charge. Il avait réfléchi, assurait-il (moi, je crois plutôt qu'il s'était farci le journal télévisé!) et ne pouvait pas accepter que notre histoire se termine comme ça, sur un malentendu.

– Je ne comprends pas, il répétait, je ne comprends pas … Si j'ai fait quelque chose qui t'a déplu, dis-le-moi, mais ne me jette pas sans raison, comme une vieille chaussette!

Je lui ai juré qu'il n'y était pour rien, je m'étais trompée sur mes propres sentiments, voilà tout.

– J'étais flattée qu'un mec comme toi s'intéresse à moi, mais, en réalité, je ne t'aime pas.

On ne pouvait pas être plus claire ni plus honnête. De surcroît, je ménageais sa susceptibilité. Mais, il ne voulait pas comprendre, il insistait:

– C'est à cause de tes parents? Je sens bien que ton père ne peut pas me blairer! Tu ne supportes plus qu'il soit au courant de tout ce qu'on fait, hein? Alors, tu préfères arrêter?

Lourd, le mec! Lourd de chez lourd!

Je l'ai fixé dans les yeux et j'ai articulé:

– Steph, je-ne-t'aime-pas! J'y peux rien, quand tu m'embrasses, ça-me-dé-becte. Alors, lâche-moi, c'est pas les filles qui manquent: elles sont toutes oufs de toi!

– Peut-être, mais tu es la seule qui me plaît!

Menteur! Je suis la seule qui te permet de passer à la télé, oui!

J'ai haussé les épaules et je suis partie rejoindre mon groupe de filles.

– C'est ce qu'on appelle cracher dans la soupe! m'a lancé Lara, comme je la croisais.

– J'en veux pas, de cette soupe! j'ai sifflé. Rends-moi service, bouffe-la pour moi!

2 **revenir à la charge** faire une nouvelle tentative, essayer à nouveau 3 **se farcir** *fam fig ici:* regarder 12 **de surcroît** *loc adv* en plus 13 **ménager** rücksichtsvoll umgehen mit **la susceptibilité** Empfindlichkeit 16 **blairer** *fam* aimer, apprécier 21 **débecter** *fam* dégoûter *contr* plaire

J'étais assez contente de ma réplique. D'ailleurs, ceux qui l'ont entendue ont ri. N'empêche, pourvu que Steph se le tienne pour dit. S'il continue à s'accrocher, je ne sais pas comment je vais m'en dépêtrer!

Autre chose: Lharmattan a fait passer une circulaire dans toutes les classes. La majorité des parents souhaite que l'école me garde. Un comité de soutien s'est même créé. Son représentant a déclaré que je n'avais pas à être sanctionnée aussi sévèrement pour une simple insolence, et que je n'étais pas responsable de l'hystérie collective provoquée par l'émission – émission que, pour sa part, il trouvait très instructive. Par ailleurs, les inscriptions affluent pour l'année prochaine. *Franck-Marceau apparaît aux téléspectateurs comme un lycée pilote, dont nous pouvons être fiers*, conclut Lharmattan. *Cette approbation quasi générale me conforte dans mes choix… Elle est la preuve que, bien qu'ayant pris des risques qui ont rebuté la plupart de mes collègues, je ne me suis pas trompé!*

Un problème de moins, c'est déjà ça. Si mes parents parviennent à obtenir un mi-temps pour moi chez Socio-life, ce sera parfait! Seuls Loud et Caramelle manqueront à mon bonheur…

[2] **qu'il se le tienne pour dit** *ici:* accepter les choses comme elles sont [3] **dépêtrer** débarrasser [4] **la circulaire** Rundschreiben [10] **affluer** arriver en grand nombre [13] **l'approbation** *f* Zustimmung [14] **rebuter** dégoûter, décourager

Jeudi 18 mai

Plusieurs élèves ont été retirés du bahut, dont deux dans ma classe: Clotilde et Cédric. Pour Clotilde, je m'en fous, je ne la fréquentais pas, mais Cédric était le meilleur copain de Loud. Il doit m'en vouloir. Mme Delpierre a envoyé une pétition au ministère de l'Éducation nationale, avec une centaine de signatures, paraît-il, pour que les caméras soient supprimées à Franck-Marceau même si je ne suis pas renvoyée. Ça m'a troublée que ces gens qui me détestent réclament, sans le savoir, EXACTEMENT LA MÊME CHOSE QUE MOI.

Entre mes parents et le ministère, Socio-life devrait forcément céder!

9 heures 23

Rectification: Socio-life n'a pas cédé. J'en ai marre, marre, marre ...

Papa et maman sont rentrés de leur rencard complètement découragés. Combourg leur a fourré le contrat sous le nez. On n'a aucun recours. L'émission durera jusqu'à fin juillet, sans aucune modification. Si, pour une raison ou une autre, nous nous opposions à son bon déroulement, la chaîne serait en droit de nous traîner devant les tribunaux pour nous réclamer d'énormes dommages et intérêts.

– Une somme à côté de laquelle tes cent cinquante mille francs font figure de pourboire! a précisé papa.

Ça change les données du problème, évidemment! On est ligotés ...

– Il va falloir prendre ton mal – NOTRE mal – en patience! a soupiré maman.

Elle était effondrée. Cette fois, c'est moi qui ai dû la consoler.

– J'ai menacé Combourg de révéler notre démarche à la presse, m'a expliqué papa, sans se soucier de la présence de la caméra. Une démarche de parents qui craignent pour l'équilibre de leur enfant et que, pour des raisons bassement matérielles, ces proxénètes évincent – oui, proxénètes, c'est le mot que j'ai employé; proxénètes, je persiste

7 **supprimer** enlever, faire disparaître 15 **le recours** *ici:* Ausweg 17 **le tribunal** Gericht 20 **faire figure de** *loc* erscheinen wie 21 **ligoter** lier, enchaîner 28 **le proxénète** Zuhälter **évincer** ausschließen 29 **je persiste et signe** *loc* ich beharre/bestehe darauf

et signe! Et sais-tu ce qu'il m'a répondu? «Allez-y, ne vous gênez pas! Plus il y aura de scandale autour de l'émission et plus cela fera monter l'audimat!» Comment veux-tu ne pas sortir de tes gonds devant un pareil cynisme?

Il s'est tourné vers le voyant rouge, le poing levé:

– Nous sommes otages de la télévision! a-t-il crié. Otages d'une bande de margoulins sans scrupule qui manipule les masses!

Là, franchement, il m'a épatée! Je l'ai presque trouvé beau!

En fait, Combourg leur a prouvé par A plus B que, le succès de l'émission dépassant toutes leurs prévisions, l'interrompre maintenant serait une catastrophe. Jamais aucun life-show n'a mobilisé le public à ce point. Toujours d'après lui, l'aspect polémique lié à mon âge y est pour beaucoup. Ce n'est pas mon quotidien d'adolescente – somme toute assez banal – qui passionne les spectateurs, mais bien ma confrontation et celle de mon entourage à cette situation particulière: être vu en permanence. Avec toutes les conséquences qui en découlent. La réflexion de mamie sur la souris de laboratoire m'est revenue en mémoire. Filmer une souris à son insu dans la nature est une chose, l'enfermer dans un labyrinthe pour observer ses réactions en est une autre. J'ai toujours pensé qu'il y avait du sadisme, chez certains chercheurs …

Bref, retour à la case départ.

Un dernier espoir: que la démarche des parents d'élèves aboutisse. Ou alors …

Le coup de gueule de papa va obligatoirement avoir des conséquences. Peut-être que sous la pression de l'opinion publique, Sociolife changera d'avis? Parce qu'encore deux mois et demi comme ça, moi, je ne tiendrai pas. Quand je vois comment je crise déjà après quinze jours …

Je ne vous dis pas la déprime, ce soir, à la maison!

3 **sortir de ses gonds** *loc* s'emporter, exploser de colère 6 **l'otage** *m* Geisel 7 **le margoulin** Spekulant 16 **découler de qc** von etw kommen 22 **retour à la case départ** zurück auf Los 23 **aboutir** réussir

Vendredi 19 mai

Ça n'a pas traîné! Ce matin, Paris-Flash titrait: *L'ENFER DE GINA*, et *Île-de-France- Matin: CAPRICES DE STAR*. C'est effrayant de ne pouvoir rien dire ni faire sans que ça suscite immédiatement des tonnes de commentaires contradictoires!

JE VOUDRAIS QU'ON M'OUBLIE, UN POINT C'EST TOUT!

Qu'est-ce qu'ils veulent, à la fin, ces journalistes? Me pousser au suicide? C'est ça qu'ils cherchent, un drame? Que la petite fiancée de la France se tire une balle pour qu'on LUI FOUTE LA PAIX?

L'ennui, c'est que moi, je n'ai pas envie de mourir. J'aime la vie. La vraie, pas la truquée.

Pas celle qui se déroule sur un petit écran. Et ça me tue de penser que pendant encore deux mois et demi, JE NE VAIS PAS AVOIR LE DROIT DE VIVRE!

Au bahut, les avis sont partagés. Y a ceux qui me plaignent et ceux qui continuent à m'envier. Ça provoque pas mal de discussions. De toute façon, ni les uns ni les autres ne peuvent comprendre ce que j'éprouve: eux ne sont filmés que quelques heures par jour, et UNIQUEMENT QUAND ILS LE VEULENT. Il leur suffit de s'éloigner de moi – comme Loud ou Caramelle – pour rentrer dans l'ombre. Moi, je suis toujours en plein soleil, même quand je meurs de chaud.

La mère Ceccaldi nous a signalé un débat sur la 3, ce soir, avec psychiatre, sociologue, assistante sociale et tout le tremblement. Ils vont traiter du «cas Gina». J'ai pas pu m'empêcher de grogner que le cas Gina, ils pouvaient se le mettre où je pense. À ma grande surprise, la prof m'a dit qu'elle me comprenait et que, si elle était à la place de mes parents, elle intenterait un procès à la chaîne pour «persécution morale».

Momo aussi a eu un mot gentil (pas rancunier, le papy!). Il pense que si les gens avaient une conscience, après la scène d'hier soir – qui, entre parenthèses, l'a beaucoup ému! –, ils boycotteraient l'émission.

2 **traîner** durer longtemps, tarder 3 **effrayant** beängstigend 10 **foutre la paix à qn** *fam* jdn in Ruhe lassen 24 **et tout le tremblement** *fam loc* et tout le reste, tout ce qui va avec 28 **intenter un procès** gerichtlich gegen jdn vorgehen **la persécution** Verfolgung 30 **rancunier,ère** nachtragend

– Mais, a-t-il ajouté, se repaître du malheur d'autrui étant la fonction même du téléspectateur, je crains que ce ne soit l'effet inverse qui se produise. Plus vous manifesterez de détresse, plus vous chatouillerez la curiosité du public!

C'est encourageant!

Une seule consolation: Caramelle m'a souri. De loin. Mais quand j'ai voulu me rapprocher d'elle, elle a fait «non» de la main.

soir

Papa a montré le contrat à son avocat qui lui a confirmé: Socio-life ne lâchera pas le morceau. En cas de procès, ils gagnent à cent pour cent, et nous, on plonge.

– C'est le combat du pot de terre contre le pot de fer, a soupiré maman.

Elle a mauvaise mine depuis quelques jours. Quant à papa, c'est visible qu'il se fait un sang d'encre. Je me sens affreusement coupable, vis-à-vis d'eux. Du coup, pendant le dîner, j'ai essayé de dédramatiser. Je leur ai dit que j'avais eu un petit coup de blues, ces derniers temps, mais que c'était terminé, que j'avais retrouvé la pêche. Que je me sentais de taille à affronter la caméra jusqu'à fin juillet, sans problème. Je ne sais pas s'ils m'ont crue, mais j'ai mis toute la gomme pour être convaincante.

tard

Ne plus faire de vagues, c'est la seule solution. Devenir totalement inexistante, sans intérêt. Que, d'eux-mêmes, les téléspectateurs se lassent. Mais surtout, surtout LAISSER PAPA ET MAMAN EN DEHORS DE ÇA. J'ai pris mes responsabilités sans tenir compte de leur avis – en leur forçant méchamment la main! –, maintenant, j'assume. Tant pis pour moi, je n'avais qu'à réfléchir avant.

À partir de cette seconde, je suis couleur muraille.

[1] **se repaître** *fig litt* sich weiden an **autrui** *pron inv* un/e autre, les autres [3] **la détresse** Verzweiflung [4] **chatouiller** *fig ici:* plaire, flatter [10] **ne pas lâcher le morceau** *fam* ne pas céder [12] **C'est le combat du pot de terre contre le pot de fer** *loc fig* un combat inégal, *wie der Kampf von David gegen Goliath* [15] **se faire un sang d'encre** s'inquiéter terriblement [18] **(avoir) la pêche** *fam* avoir le moral, être en forme [20] **mettre (toute) la gomme** *fam ici:* sich ins Zeug legen [27] **forcer la main à qn** überreden [28] **assumer** *ici:* Verantwortung übernehmen [29] **couleur muraille** couleur grise

Samedi 20 mai

En dehors de mon journal et de quelques gestes quotidiens indispensables – manger, aller aux toilettes, me laver, m'habiller –, je ne fais rien. Je reste assise sur une chaise, amorphe, sans regarder le voyant rouge. Quand mes parents me parlent, je réponds par un hochement de tête. Mon visage est vide d'expression. Maman est venue me rejoindre dans la salle de bains pour me demander ce que j'avais. Je lui ai expliqué ma nouvelle tactique. Elle trouve que c'est une bonne idée. Papa et elle en feront autant, quand nous serons ensemble. On va devenir la famille la moins intéressante de France. Une famille où on ne communique pas, où il ne se passe rien. Ça, au moins, c'est de la complicité!

plus tard

On tient! Pas un mot pendant le repas de midi!

encore plus tard

Pas un mot pendant le repas du soir.

[4] **amorphe** sans énergie, sans réaction

Dimanche 21 mai

Journée soporifique. J'ai dormi la moitié du temps, et l'autre moitié, je l'ai passée affalée sur un fauteuil, les yeux dans le vague. Si les téléspectateurs n'ont pas changé de chaîne, c'est qu'ils sont carrément masos! Le téléphone a sonné tout l'après-midi. Je suppose que nos amis, mamie, tante Nicole, oncle Bernard, Sylvie, etc… se demandent ce qui nous arrive. Papa est allé répondre à chaque fois, mais moi, je n'ai pas bronché.

3 **affalé,e** zusammengesunken sein **les yeux dans le vague** sans fixer aucun objet précis 8 **broncher** réagir

Lundi 22 mai

Titre de Paris-Flash, ce matin: *LE SILENCE DE L'AGNEAU.* Joli … Malheureusement, autant c'est facile de jouer les autistes à la maison, en connivence avec papa et maman, autant au bahut, c'est impossible. J'ai tenu vaille que vaille pendant les deux premières heures, mais, à la récré, j'ai craqué. La faute à qui? À Caramelle!

Oui, vous avez bien lu: À CARAMELLE!

Pour fuir la curiosité des copains qui me harcelaient de questions sur mon nouveau comportement, je suis allée aux toilettes. Pas celles de la cour où il y a toujours la cohue, les petites, au premier, en face du CDI. Et là, sur qui je tombe, qui sortait des W-C? Ma Caramelle. On reste deux secondes l'une en face de l'autre, indécises, puis elle se jette dans mes bras. La pauvre est très inquiète pour moi, surtout depuis que je ne parle plus. Elle croit que je commence une dépression nerveuse. Qu'est-ce que je pouvais faire? La laisser mariner dans son angoisse?

Je lui ai expliqué en quelques mots – en essayant d'être le plus allusive possible, pour que les téléspectateurs restent en dehors du coup. Elle a très bien compris. L'ennui, c'est que ça a, malgré tout, relancé la machine. Nos retrouvailles vont sûrement passionner l'opinion publique!

23 heures et des poussières

L'idée m'est venue comme ça, pouf, en prenant mon bain. Ma bague! Je la retire toujours pour me laver … Suffit que j'oublie de la remettre et le tour est joué! «Comment n'y ai-je pas pensé plus tôt?», je me suis dit. Et, mentalement, je me suis traitée d'idiote.

Je l'ai laissée sur le bord du lavabo et je suis allée retrouver mes parents au salon. Aucun voyant rouge ne s'allumait plus sur mon passage. C'était … comme un miracle. D'un coup, je me suis sentie

2 **Le Silence des agneaux** *Filmtitel:* Das Schweigen der Lämmer 5 **vaille que vaille** *loc* koste es, was es wolle 10 **la cohue** foule 15 **mariner** *fam fig* rester longtemps dans une situation désagréable 18 **allusif,ve** vielsagend 20 **relancer** remettre en marche 22 **et des poussières** *fam* et un peu plus

libre, LIBRE! J'ai foncé sur maman et je l'ai dévorée de baisers, puis j'en ai fait autant avec mon père. Eux aussi étaient fous de joie!

On a allumé la télé, le cœur battant. Sur Socio-life, y avait un message: *Veuillez nous excuser pour cette interruption momentanée de l'image, due à un incident technique indépendant de notre volonté.*

«Ouaaaiiis!» on a crié tous les trois.

Un coup de sonnette nous a rappelés à l'ordre. On s'est figés, et maman a mis le doigt sur la bouche. Second coup.

– Qu'est-ce qu'on fait? a soufflé maman.

– Je crois qu'on n'a pas le choix, a répondu papa. Et à travers la porte, il a crié: Qu'est-ce que c'est?

– Jack, de la régie. Y a un petit problème, faut qu'on vérifie l'installation.

Après une courte hésitation, j'ai ouvert.

Jack (l'homme à la salamandre) a tout de suite pensé à la bague. J'ai fait l'innocente:

– Oh, je l'ai perdue sans m'en rendre compte!

Il m'en a donné une autre, pendant que le barbu s'assurait que tout remarchait, en allumant les voyants les uns après les autres avec un petit appareil électronique. Puis ils sont retournés au camion en s'excusant du dérangement, et nous sommes réapparus sur l'écran. Notre liberté avait duré à peine cinq minutes. N'empêche... Cinq minutes par-ci, cinq minutes par-là. Je sens que je vais la reperdre souvent, cette bague!

[5] **l'incident technique** *m* Betriebsstörung

Mardi 23 mai

J'ai encore «paumé» ma bague. Dans les toilettes du bahut, cette fois. Et là, c'était autre chose qu'à la maison! Quelle cavalcade, mes aïeux!

Parce qu'au collège, il y a des milliers d'endroits où se cacher!

En plus, le camion-régie n'est pas à côté: il reste en permanence devant chez moi. Sept minutes se sont écoulées avant que l'équipe technique se pointe, j'ai chronométré. Par la fenêtre de l'étage (d'où je guettais!), j'ai vu Jack, le barbu et le caméraman traverser la cour, en pleine récré, en criant, affolés: «Gina? Où est Gina!» Ceccaldi, qui surveillait, s'est précipitée à leur rencontre. Ils ont parlementé quelques secondes, en faisant de grands gestes. Des élèves s'en sont mêlés, ça discutaillait, ça criait, certains montraient le CDI du doigt. J'en ai conclu que Jack et ses potes cherchaient les toilettes où je venais de pénétrer lorsque l'image s'était arrêtée. Sur ces entrefaites, Lharmattan est arrivé et a pris la tête des opérations. Il a entraîné toute la troupe et je les ai entendus monter. Ils étaient au moins une dizaine, élèves compris, à appeler: «Gina! Gina Lorrain!» J'ai couru me cacher à l'étage au-dessus.

Ne m'ayant pas trouvée dans les W-C, ils se sont éparpillés dans le bâtiment. L'ennui, c'est qu'ils étaient de plus en plus nombreux, et qu'il en venait sans cesse de nouveaux. J'étais traquée par tout le collège … Drôle de course-poursuite! Une sorte de cache-cache grandeur nature, ou de partie de chasse dont j'aurais été le gibier. Plus d'une demi-heure, j'ai tenu. Je passais de salle en salle, de couloir en couloir, me planquais dans les placards, derrière les portes, rampais sous les tables et les bureaux. Mon cœur battait, battait! En fait, quand j'y repense, je m'amusais beaucoup. Sauf que, sur le moment, la trouille était plus forte que le plaisir. Je me sentais dans la peau d'un prisonnier évadé qui ne veut à aucun prix qu'on le reprenne. J'avais presque l'impression que ma vie était en jeu …

[2] **paumer** *fam* perdre [3] **la cavalcade** *fam* Aufregung, Aufstand **mes aïeux!** *loc fam* meine Güte [7] **chronométrer** Zeit stoppen [8] **guetter** surveiller [12] **discutailler** *péj* discuter sans fin [14] **sur ces entrefaites** à ce moment-là [19] **s'éparpiller** sich verteilen [21] **traquer** pousuivre [23] **le gibier** Wild [29] **évadé,e** entflohen

À un moment, je me suis retrouvée coincée par une fille de cinquième. Valentine, celle qui est eurasienne. Elle s'est mise à crier: «Venez, je l'ai tr …», mais j'ai fait: «S'te plaît, ne me trahis pas!» et elle a ravalé son cri en mettant une main devant sa bouche. Puis s'est éloignée sur la pointe des pieds.

Ils ont quand même fini par me rattraper, au moment où les élèves sont remontés en classe (avec un sacré retard: il était presque onze heures!). Le couloir était bloqué par un rang de sixième qui ont tous braillé: «La voilà! La voilà!» Ils étaient super-excités. La prof m'a foncé dessus et j'ai eu beau me débattre, elle me tenait, et bien, la vérole!

Mes poursuivants sont arrivés quelques secondes plus tard. Ils étaient furieux, et moi encore plus. Jack m'a redonné une bague. Au début, je ne voulais pas la mettre, mais Lharmattan m'a obligée. Puis ils m'ont confiée à Fesjen – on avait cours d'allemand –, avec ordre de me surveiller de près.

J'ai dit que, de toute façon, je recommencerais. Le barbu m'a crié: «Tu ne perds rien pour attendre, tête de mule!»

Les copains m'encourageaient – enfin, une bonne partie d'entre eux. Ils étaient nombreux, finalement, à me donner raison. C'était réconfortant.

Ce qui m'a surtout réconfortée, c'est la réaction de Caramelle. Elle est revenue s'asseoir près de moi. J'en aurais pleuré!

Et le top du top (mais ça, je le gardais pour la fin): Loud m'a souri. À un moment, en me retournant, je me suis rendu compte qu'il me regardait. Nos yeux se sont croisés, et les siens n'ont pas fui. Et ce que j'ai lu, dans ses yeux noirs, ce que j'y ai lu! Je crois qu'il m'aime toujours …

J'ai pas pu m'empêcher de lui sourire, et LUI AUSSI!

[1] **coincé,e** bloqué [10] **la vérole** *fam pop ici:* Miststück [17] **tête de mule** *loc fam* stur wie ein Esel

6 heures et demie

Ce qui s'est passé tout à l'heure, jamais de toute ma vie je ne l'oublierai! C'était monstrueux!

ILS M'ONT MIS UN BRACELET! Et j'ai rien pu faire pour les en empêcher …

Je terminais la dernière phrase de mon journal quand papa est rentré, dans tous ses états. Combourg l'avait appelé à son travail et lui avait passé un savon, à cause de moi.

– Je comprends très bien ta révolte, m'a-t-il dit, et je la partage. Mais nous ne sommes pas les plus forts, tu le sais bien. La clause n° 13 du contrat stipule que *toute manœuvre visant à contrecarrer, pour quelque raison que ce soit, le bon déroulement de l'émission est assimilable à du sabotage et passible des tribunaux.* C'est écrit noir sur blanc. Combourg s'est chargé de me le rappeler, et sans ménagement, je te prie de le croire. Il gueulait comme un âne! Tu dois aller jusqu'au bout, ma chérie. Nous n'avons pas le choix, hélas …

On a sonné à la porte, il est allé ouvrir et je l'ai entendu dire:

– Venez, elle vous attend.

Eh, j'attendais personne, moi! Ça voulait dire quoi, ce cirque?

Jack est entré.

– Encore vous? j'ai lancé. Qu'est-ce que vous me voulez?

– Je t'apporte un petit cadeau.

Au son de sa voix, je me suis méfiée. J'avais raison. Son petit cadeau, c'était un bracelet dans le même style de la bague, avec des pierres rouges incrustées. J'ai pas compris tout de suite. Mais quand il me l'a passé au poignet, c'était comme s'il me mettait les menottes.

La comparaison n'est pas exagérée. Le fermoir est hyperrésistant, et faut une sorte de clé magnétique pour l'ouvrir. Impossible de le retirer moi-même, à moins de me couper la main …

Quand j'ai réalisé, j'ai eu une bouffée de claustrophobie. Je me suis mise à hurler, à trépigner, à insulter Jack, à vouloir le frapper … La vraie crise de nerfs, quoi! Papa lui a ordonné de s'en aller, puis il m'a

[8] **passer un savon** *fam* zurechtweisen [11] **stipuler** festlegen **contrecarrer** vereiteln [12] **assimilable** vergleichbar [13] **passible** strafbar [14] **le ménagement** Rücksicht [26] **les menottes** *f* Handschellen [27] **le fermoir** Verschluss, *v. fermer* [30] **la bouffée** *fig* Anfall [31] **trépigner** frapper des pieds par terre **insulter** beschimpfen

prise dans ses bras en me parlant tout doucement. Il a fallu un bon moment pour que je me calme.

En fait, si on y réfléchit à froid, ce bracelet n'est pas vraiment pire que la bague. Mais à l'idée de ne pas pouvoir l'enlever, c'est plus fort que moi, je panique. Ça me rappelle les films d'espionnage où on implante des microprocesseurs dans la peau des gens. Y en a même un, avec Romy Schneider, où le type a une caméra miniature dans l'œil pour pouvoir la filmer rien qu'en la regardant …

Eh bien, ce bracelet me produit le même effet.

Je les hais, ces ordures!

Je les hais.

Mes parents et moi, on est à leur merci!

tard le soir

J'EN PEUX PLUS! FAUT QUE ÇA S'ARRÊTE OU JE VAIS DEVENIR FOLLE!

encore plus tard

Y a très longtemps que je voulais le faire, alors je l'ai fait. Je me suis adressée aux téléspectateurs. Après tout, ils sont concernés, eux aussi: si les life-shows existent, c'est bien parce qu'ils les regardent!

J'ai rallumé ma lampe de chevet, je me suis plantée devant le voyant rouge, et j'ai dit ce que j'avais sur le cœur. Qu'au début, je trouvais formidable d'être célèbre, mais que maintenant, je ne le supportais plus. Qu'être fliquée sans arrêt, y a rien de pire au monde, que je n'étais pas une souris de laboratoire. Que cette émission merdique m'avait éloignée de ceux que j'aimais, surtout un garçon, s'il regardait la télé, il se reconnaîtrait. Qu'on n'avait pas le droit d'imposer ça à un être humain, sauf si on voulait l'envoyer en H.P. Que je donnerais n'importe quoi pour retrouver ma vie d'avant, s'il vous plaît, aidez-moi, je suis au bout du rouleau …

C'est ma dernière carte: mettre le public de mon côté. Mais est-ce que ça va donner quelque chose?

[3] **à froid** *adv ici:* calmement, avec distance [10] **l'ordure** *f vulg* Mistkerl [20] **la lampe de chevet** Nachttischlampe [23] **fliquer** *fam* surveiller [24] **merdique** *fam* beschissen [26] **imposer** exiger, ordonner [27] **H.P.** hôpital psychiatrique [29] **être au bout du rouleau** *loc* ne plus pouvoir

Mercredi 24 mai

Réactions nombreuses, dans la presse, ce matin! J'ai trouvé les journaux en rentrant, à midi et demi. Papa les avait achetés et laissés sur la table du salon, à mon intention.

Prisonnière du petit écran … Un pathétique appel au secours… Comment un beau rêve devient cauchemar… Le débat sur les médias relancé: jusqu'où a-t-on le droit d'aller?… Un cri dans la nuit… Le bracelet de la honte… Totalitarisme médiatique… Sommes-nous tous des Big Brother?… etc. Dans l'ensemble – à part ce torchon de *Dernière Minute* qui considère mon appel comme une *habile manœuvre commerciale* –, la presse est de mon côté et désapprouve (je cite) *l'attitude fasciste de Socio-life.* Ça, c'est envoyé!

Je commence à reprendre espoir.

soir

À la télé, on ne parle que de moi sur toutes les chaînes. *Regardez-moi!* excite plus que jamais les passions. Des ministres, des prêtres, des savants donnent leur opinion. D'après eux, c'est un phénomène de société sans précédent qui met la guerre, la politique, les grands événements internationaux au second plan de l'actualité.

Papa est convaincu que le taux d'écoute a encore monté. Malgré la désapprobation générale – et même à cause d'elle, parce qu'elle lui fait de la pub! –, Combourg n'acceptera jamais d'arrêter l'émission. Ça rapporte trop de thune, et pas qu'à lui. Il suffit que les journaux abordent le sujet pour augmenter leurs ventes de trente à quarante pour cent, et même les autres chaînes en bénéficient. Y a qu'à voir le nombre d'émissions programmées partout sur le thème!

– Et ce n'est pas le plus grave! a précisé papa. Le plus grave, c'est que ce sont les gens eux-mêmes qui veulent que ça continue! Ils ont beau gueuler qu'ils sont avec toi, qu'ils compatissent et que Socio-life

[4] **à mon intention** pour moi [5] **le petit écran** *ici:* la télévision, *contr* grand écran = cinéma **pathétique** plein d'émotions [6] **le cauchemar** Albtraum [8] **la honte** Schande [9] **le torchon** *fam ici:* journal [10] **habile** geschickt, schlau [20] **le taux d'écoute** Zuschauerquote [21] **la désapprobation** Missbilligung [23] **la thune** *arg* argent [24] **aborder** ansprechen [25] **bénéficier** profiter [29] **compatir** Anteil nehmen, mitfühlen

n'est qu'un ramassis de saligauds, ils sont complètement accros! Tu leur supprimes leur «drogue», ils pètent les plombs!

Désespérant!

11 heures 02

J'ai écrit au feutre, sur une feuille: JE DÉTESTE SOCIO-LIFE, JE VOUS DÉTESTE TOUS et je l'ai posée sur mon bureau, bien en évidence. Ça ne sert peut-être à rien mais, au moins, ça soulage.

Je voudrais mourir…

[1] **le ramassis** groupe, ensemble **le saligaud** *fam* Mistkerl **accro** *fam* abhängig
[2] **péter les plombs** *fam* devenir fou [7] **en évidence** gut sichtbar

Jeudi 25 mai

Oh, là, là, quelle aventure! J'ai l'impression d'être sur une autre planète … Cet endroit étrange, un peu effrayant, sombre, silencieux … Et magique! Magique, surtout! J'ai les jetons et, en même temps, je suis hypercontente, hyperexcitée, hypertout!

Bon, je vends la mèche tout de suite ou je ménage le suspense en racontant les choses dans l'ordre chronologique? L'ordre chronologique, c'est mieux. En plus, ça me permettra de faire le point, d'y voir un peu plus clair. Je ne sais plus très bien où j'en suis, moi! Tout s'est passé si vite et de manière tellement inattendue!

Je ne m'attarderai pas sur les commentaires des copains, ce matin, au bahut. Toujours les deux clans, les pour et les contre, dont les opinions sont de plus en plus exacerbées. Bagarres, discussions, on me prend à partie … La routine, quoi! Je me blinde, à force. Pendant la récré, Caramelle me souffle, d'un air bizarre:

– Je vais faire pipi, tu m'accompagnes?

Intriguée, je la suis. Arrivée devant la cabine, elle me dit:

– J'entre la première et tu passes après moi, d'accord?

La manière dont elle appuie sur ce «d'accord» me met la puce à l'oreille. Bien que je n'aie pas besoin d'y aller, j'acquiesce.

Quelques secondes passent puis elle ressort.

– À ton tour! ordonne-t-elle en me tenant la porte, des fois que je n'aurais pas bien compris.

Je repère immédiatement le message, sur le rouleau de P.Q.: *On va te sortir de là, fais-nous confiance! Les instructions sont derrière la chasse d'eau. Suis-les à la lettre!*

Entre la porcelaine et le mur, il y a effectivement un feuillet coincé. Je le déplie fébrilement.

On va simuler un kidnapping. Rendez-vous ce soir à Saint-Lazare. Sois dans le métro, à la dernière portière de la dernière rame, à 6 heures pile. Et d'ici là, reste cool, que personne ne soupçonne rien!

[6] **vendre la mèche** *loc* verraten [11] **s'attarder sur qc** sich mit etw aufhalten [13] **exacerbé,e** übersteigert [14] **se blinder** *fam* sich wappnen [15] **intrigué,e** étonné, embarrassé [18] **mettre la puce à l'oreille** *loc* jdn hellhörig werden lassen [22] **repérer** *fam* découvrir **P.Q.** [peky] *fam abr* papier pour le cul, *Abkürzung für Toilettenpapier* [24] **la chasse d'eau** Spülkasten **à la lettre** exactement [28] **fébrilement** nerveusement

Un kidnapping, quelle idée géniale! Au moins, cette crapule de Combourg ne pourra rien nous reprocher, ni à moi ni à mes parents! Et son procès, il l'aura dans le baba!

Le premier emballement passé, des questions m'assaillent. Qui va m'enlever? Caramelle, je suppose. Et pour m'emmener où? Chez elle? Sûrement pas: on me retrouverait tout de suite, c'est ma meilleure amie. En plus, ses parents n'accepteront jamais, je les connais! Alors, où? Chez des complices? Lesquels? Le «on» du billet, c'est qui exactement? Et le caméraman, comment «ils» vont faire pour s'en débarrasser?

Bah, je verrai bien. Je peux lui faire confiance, à ma Caramelle, je suis sûre qu'elle a tout prévu!

Le temps de reprendre mes esprits et je sors, le plus décontractée possible. Regard éloquent à ma copine: elle y lit mon acceptation.

Le restant de la journée, je ne pense qu'à ça, et, à chaque fois, mon estomac proteste. À la cantine, pas moyen d'avaler quoi que ce soit, mais je tartouille dans mon assiette pour donner le change. Avec cette seule et unique préoccupation: RESTER COOL POUR QUE PERSONNE NE SOUPÇONNE RIEN.

Retour à la maison. Le grand moment approche …

Mes tiraillements d'estomac se transforment peu à peu en crampes, puis en une douleur aiguë et continue.

5 heures

Combien de temps me faut-il pour aller à Saint-Lazare? Un quart d'heure à peine … En comptant le trajet jusqu'à la station de métro, je dois partir à moins vingt. Encore quarante minutes.

Je m'occupe comme je peux. Inutile de montrer mon énervement. J'ai pas intérêt à tourner en rond, ni à consulter ma montre toutes les trente secondes. Ni à me ronger les ongles au sang. Cool, Gina. Cooool!

[1] **la crapule** Schuft [3] **l'avoir dans le baba** *loc fam* ganz schön alt aussehen [4] **l'emballement** *m* enthousiasme **assaillir** überfallen [5] **enlever** entführen [13] **décontracté,e** détendu, cool [14] **éloquent** vielsagend [17] **tartouiller** remuer et étaler la nourriture **donner le change** täuschen [18] **la préoccupation** souci [21] **les tiraillements** *(m)* **d'estomac** ziehende Schmerzen im Magen **la crampe** Krampf [22] **aiguë** stechend [29] **ronger les ongles** an den Nägeln kauen

Est-ce que je laisse un mot à maman?

Surtout pas: faut que ça passe pour un VRAI enlèvement, pas pour une fugue! Sinon, c'est moi qui suis en tort: rupture de contrat, etc. Mes parents vont avoir l'émotion de leur vie, mais tant pis, je m'arrangerai pour les prévenir un peu plus tard. D'ailleurs, il vaut mieux que leur inquiétude soit authentique, au moins au début: ils sont tellement mauvais comédiens que, s'ils font semblant de flipper au lieu de flipper vraiment, Combourg et sa clique le verront tout de suite.

5 heures et quart

J'allume la télé et je m'observe, sur le petit écran. De quoi j'ai l'air? Suis-je assez cool? Mouais … Un peu pâle, mais ça peut aller, si on n'y regarde pas de trop près …

5 heures et demie

Ça se rapproche. Mal au bide! Mal à en crever!

moins vingt-cinq

Je m'écrie, en me frappant le front comme si je m'en souvenais subitement:

– Oh zut! J'ai oublié que je devais aller à la FNAC!

J'attrape mon sac, je cours chercher de l'argent dans ma chambre, mon journal (pas question que quelqu'un le trouve! Même si, à ce moment-là, je n'y avais pas encore fait mention du kidnapping, y a trop d'indications précieuses dedans, sur Caramelle entre autres!) et je file vers la station de métro, le caméraman sur les talons.

Ah, celui-là, cette espèce de parasite qui me colle au train, si je pouvais le semer! Il est capable de tout faire foirer, l'enfoiré!

[3] **la fugue** Ausreißen **être en tort** im Unrecht sein [14] **le bide** *fam* ventre **crever** *fam* mourir [20] **faire mention de qc** erwähnen [21] **l'indication** *f* Hinweis [23] **coller au train de qn** *loc fam* suivre qn de très près [24] **semer** *ici:* se débarasser de qn **foirer** *fam* rater **l'enfoiré** *vulg* idiot

Je suis sur le quai du métro.

J'en laisse passer un avec une mimique qui signifie: «trop bondé»: le billet dit 6 heures pile, inutile d'arriver en avance.

Le suivant est encore plus bondé, mais je le prends. Pour le *timing*, c'est OK (sauf si le train s'arrête dans le tunnel, mais on ne peut pas prévoir l'imprévisible). Le caméraman se faufile derrière moi avec difficulté. Je commence à comprendre l'heure du rendez-vous: l'heure de pointe … Drôlement fûté!

Les stations défilent. Marcadet-Poissonniers … Jules-Joffrin … Lamarck-Caulaincourt … Malgré l'affluence, je m'arrange pour rester toujours près de la porte, le nez sur la vitre afin d'éviter qu'on me reconnaisse. Heureusement, dans la cohue, personne ne regarde personne. Une bousculade à Abbesses m'éloigne du caméraman qui doit avoir un mal fou à filmer. La chance est avec moi.

Notre-Dame-de-Lorette. On me pousse, je me retourne. Ma voisine – une grosse fille en Perfecto – sursaute:

– Vous … vous êtes Gina?

Je fais «non» de la tête et m'écarte tant que je peux.

– Ah, je me disais aussi …, grogne-t-elle.

Trinité-d'Estienne-d'Orves … Saint-Lazare.

Mouvement de foule terrible. À Saint-Lazare, tout le monde descend! Le flot m'éjecte. Houlà, je n'avais pas prévu ça! Un peu perdue, je cherche à regagner ma place quand une main saisit mon bras, et une voix que je connais bien me souffle: «Vite!»

Je manque de tomber à la renverse: ce n'est pas Caramelle qui m'entraîne, c'est … Loud! Loud dont le moitié du visage est camouflée par un bandana, et l'autre moitié par une casquette rabattue sur ses yeux. En se fondant dans le grouillement de gens pressés, on fonce

3 **bondé** plein, *contr* vide 7 **imprévisible** unvorhersehbar **se faufiler** sich durchschlängeln 8 **l'heure de pointe** Hauptverkehrszeit 9 **fûté** clever 10 – 22 *noms de station de métro* 11 **l'affluence** *f* Andrang 14 **la bousculade** Gedränge 17 **le Perfecto** blouson en cuir 23 **le flot** Flut **éjecter** rejeter au dehors 26 **à la renverse** sur le dos 27 **camouflé,e** déguisé, caché 28 **le bandana** petit foulard **rabattu,e** heruntergeklappt 29 **se fondre** s'unir en un tout **le grouillement** Gewimmel **foncer** aller très vite

vers la sortie. Dans notre dos, le métro repart. Pourvu que le caméraman soit resté coincé à l'intérieur …

– Mets ça! me souffle Loud, tandis que nous empruntons dare-dare l'escalator.

Il m'enfonce sa casquette sur le crâne, m'entortille son bandana autour du cou.

– Où on va?

– Dans une super-planque … Allez, grouille!

On repart à toutes jambes, jusqu'à ce qu'on soit sûrs de ne pas être suivis, puis on ralentit. Loud me prend par les épaules, de façon à cacher ma figure avec son bras. Bien malin qui devinerait que ce petit couple enlacé, c'est un kidnappeur de vedette et sa «victime»!

Je me colle contre lui, complètement bouleversée de le sentir là, si chaud, si proche, comme avant. J'enfouis ma tête dans le col de son blouson, je respire son odeur. Nos joues se frôlent, puis nos bouches. Ses lèvres happent les miennes avec avidité. Leur goût retrouvé me pénètre jusqu'au cœur.

– Tu … tu m'aimes toujours? je demande, à voix basse.

Il ne répond pas mais ses yeux noirs, profonds – si noirs, si profonds – parlent à sa place.

J'insiste:

– Tu ne m'en veux pas, pour Steph?

Il fronce les sourcils.

– On en discutera plus tard … Regarde, on arrive.

Une place ombragée par des arbres, des pigeons, des bancs, un joli petit théâtre …

– On arrive où?

– Dans ta nouvelle piaule.

Du menton, il indique le théâtre.

– Ils ne viendront pas te chercher ici!

[4] **l'escalator** *m* escalier roulant [5] **enfoncer** mettre **le crâne** tête **entortiller** (ein-)wickeln [8] **la planque** *fam* cachette **se grouiller** *fam* se dépêcher [12] **enlacé,e** umschlungen [14] **enfouir** vergraben [16] **happer** schnappen **l'avidité** *f* Gier, Begierde [23] **froncer les sourcils** die Augenbrauen hochziehen [28] **la piaule** *fam* chambre [29] **le menton** Kinn

– Tu te moques de moi?

En riant de mon étonnement, il contourne le bâtiment, sort une clé de sa poche, ouvre une porte sur le côté … et voilà.

En fait, l'explication est toute bête: ce théâtre, son frère Rafik en est le régisseur.

– C'est fermé pour travaux, précise Loud, tandis que nous pénétrons dans une cour encombrée de planches et de panneaux de toutes sortes.

– Ah? Y a des ouvriers, alors?

– Non, ils ne commencent pas avant la semaine prochaine. Le proprio est en vacances aux States, et, à part mon frangin, personne n'a la clé.

– Il est au courant?

– Qui, mon frangin? Ouais … Au début, il n'était pas trop d'accord, mais quand il a vu comment on te traitait … Loud fait allusion au bracelet, évidemment. Je tends mon poignet. Il le touche, avec une sorte de feulement de colère.

– Les bâtards! Ça s'ouvre comment, cette saloperie?

– Ça ne s'ouvre pas …

– Je te parie que si! Avec de bons outils …

Il pousse une porte à double battant qui donne dans un couloir étroit. Et au bout de ce couloir …

– Oh!

Je m'immobilise au seuil de la salle, plongée dans la pénombre. Une salle de théâtre, comme dans les films. Je n'en avais jamais vu en vrai.

Loud actionne un bouton électrique et, d'un coup, tout s'éclaire.

– Oooh …

Je ne trouve rien d'autre à dire. Pétant de fierté, il m'explique que c'est «une salle à l'italienne» qui date du siècle dernier, et dont le décor est resté intact. Les fauteuils et les strapontins de velours rouge usé – quatre cents places, environ – ont grand besoin d'une restauration, d'où les travaux.

[7] **encombré,e** plein de [10] **le proprio** *abr fam* propriétaire [11] **le frangin** *fam* frère [17] **le feulement** cri du tigre [18] **le bâtard** Bastard **la saloperie** *fam* chose mauvaise, sans valeur [24] **la pénombre** lumière faible [28] **péter** *fam* platzen

– Les boiseries des baignoires doivent être repeintes également.

– C'est quoi, les baignoires?

– Ces espèces de balcons tarabiscotés, des deux côtés de la scène. Ce sont les meilleures places, les plus chères … Et le plafond, regarde … Tu vois ces traces d'humidité?

Ce que je vois surtout, ce sont les moulures en forme d'anges qui ont l'air de se pencher sur nous, du haut des nuages. Et le gigantesque lustre en perles de cristal qui brille au milieu …

Loud est aussi flatté de mon émerveillement que si le théâtre lui appartenait!

– Viens sur la scène, dit-il en m'entraînant. Je n'arrive pas à en croire mes yeux. Une impression de rêve, d'irréel. De conte de fées, presque. Je me sens aussi légère qu'une bulle de savon. Socio-life, Combourg, Jack, le voyant rouge, sont loin, si loin … Comme s'ils n'avaient jamais existé! Et les téléspectateurs … Le ramdam qu'ils doivent faire, ceux-là, en ce moment! Et mes parents … Ils ont dû suivre l'enlèvement en direct, au moins maman: elle a la télé dans son bureau. Mais même leur inquiétude, à cet instant, je m'en fiche.

La scène est fermée par un immense rideau rouge à franges d'or. Loud cherche l'ouverture, écarte les pans de tissu et me tire de l'autre côté.

– Waaah, génial!

Au-dessus de ma tête, des machineries étranges: passerelles, câbles, poulies. Derrière, une toile de fond représentant Venise au XVIIe siècle, avec les gondoles et les palais. Sous mes pieds, les planches – au sens propre du terme! *Les planches,* moi qui désire, depuis toujours, devenir comédienne … impossible d'exprimer ce que j'éprouve, c'est trop fort. Ma gorge est nouée à m'étouffer.

Loud file dans les coulisses, baisse une manette et, lentement, le rideau s'ouvre. D'un coup, je comprends le trac des acteurs. Je le ressens. Même devant une salle vide …

[1] **la boiserie** Holztäfelung **la baignoire** *ici:* loge au rez-de-chaussée près de la scène [3] **tarabiscoté** avec beaucoup d'ornements [6] **la moulure** Zierleiste [8] **le lustre** Kronleuchter [9] **flatter** schmeicheln **l'émerveillement** *m* Entzücken [12] **le conte** Märchen [19] **la frange** bordure [20] **le pan** grand morceau [23] **la passerelle** petit pont [24] **la poulie** Seilrolle [25] **les planches** (Bühnen)bretter [29] **la manette** Hebel

– Alors? sourit Loud en revenant vers moi. Comment tu trouves? Bouleversant. Oui, bouleversant, y a pas d'autre mot … Je toussote, à cause de la boule que j'ai dans la gorge.

– Euh … T'as le droit de toucher à tout, comme ça?

– Bien sûr: je viens souvent donner un coup de main.

– Quel genre de coup de main?

– J'aide à installer les décors, les accessoires … Je m'occupe un peu de régie, aussi … Ça, ça me passionne! Tu vois les deux mezzanines, là, au fond de la salle? Dans la plus haute, il y a les spots et la sono. C'est là que mon frangin bosse. Attends, bouge pas, je vais te montrer!

Il part en courant, et, quelques minutes plus tard, je l'entends m'appeler. Puis, brusquement, un projecteur s'allume et je me retrouve au centre d'un rond de lumière.

– Vas-y, dis quelque chose!

Éblouie, je protège mes yeux de mes mains et je crie:

– Que veux-tu que je dise?

– Je ne sais pas, moi: récite des vers, chante, joue la comédie … Jouer la comédie, t'as l'habitude, non? Depuis le temps que tu ne fais que ça …

Le reproche m'agresse comme une douche glacée. D'un coup, mon euphorie s'envole et je me sens très malheureuse.

Je lui fais signe: «Laisse tomber», et je recule d'un pas pour rentrer dans l'ombre, mais le faisceau lumineux me suit. (Pas étonnant: ce projecteur s'appelle «une poursuite», je l'ai su après.) Que j'aille à droite, à gauche, sur le devant de la scène ou au fond, je suis immédiatement débusquée – pareil que par le voyant rouge, mais en plus violent. Hors de moi, je hurle: «Arrêêête!», et je plonge à l'abri des coulisses.

J'entends: «Gina, qu'est-ce que t'as?», et, presque aussitôt, le projo s'éteint. Quand Loud me rejoint, tout essoufflé, je pleure, roulée en boule dans un coin.

[8] **la mezzanine** petit étage entre l'orchestre et le premier balcon [9] **la sono** *abr fam* sonorisation *Tontechnik* [10] **bosser** travailler [15] **éblouі,e** geblendet [23] **le faisceau lumineux** Lichtstrahl, -kegel [24] **la poursuite** Verfolger, *spezieller Theaterscheinwerfer* [26] **débusquer** trouver [29] **le projo** *abr fam* projecteur

Il se rue sur moi, me prend dans ses bras et me couvre de baisers, comme s'il avait des semaines de manque à rattraper. Il va même jusqu'à lécher mes larmes…

Il répète: «Pardon, Gina, pardon, je suis un salaud …», et moi: «Non, non, c'est bien fait pour moi, j'aurais dû t'écouter…»

On s'est expliqués. Je lui ai donné mon point de vue, lui le sien. S'il a rompu, ce n'est pas exactement par jalousie, mais parce qu'il ne voulait pas être mêlé à cette histoire de life-show.

– Autant j'adore le cinéma et le théâtre, autant je déteste cette espèce de voyeurisme dégradant… Et de savoir que toi, la fille que j'aimais, tu te prêtais à ça, tu laissais ces porcs patauger dans ta vie, baver sur toi… Beurk, j'en avais la gerbe!

Il ne mâchait pas ses mots, mais, après coup, je dois bien reconnaître qu'il n'avait pas tort. Simplement, il fallait que je le vive pour l'admettre…

– Tu aurais mieux fait de me le dire, ça, au lieu de bouder pendant des semaines! Tu ne me regardais même plus!

– Y avait trop de gens qui te regardaient!

– Et l'émission, tu la suivais?

– Ça va pas, la tête? Plutôt crever!

– Comment tu t'es rendu compte que je flanchais, alors?

– C'est Caramelle qui m'a prévenu. J'ai hésité, je t'avoue. Je me disais: «Qu'elle se débrouille avec ses problèmes, c'est pas mes oignons!» Et puis, bon, j'ai flanché, moi aussi. Pour la première fois, avant-hier soir, j'ai jeté un coup d'œil sur la télé et ça m'a remué de fond en comble…

Il a avalé sa salive avec un petit bruit mouillé, attendrissant comme tout.

– Le garçon dont tu parlais, c'était moi?

– Évidemment!

– Pas Steph, t'es sûre?

[1] **se ruer sur qn** sich auf jdn stürzen [4] **le salaud** *fam* Dreckskerl [10] **dégradant** entwürdigend [11] **patauger** marcher [12] **baver sur** gegen jdn geifern **en avoir la gerbe** *fam* dégoûter [13] **ne pas mâcher ses mots** *loc* s'exprimer franchement et clairement **après coup** plus tard, après [21] **flancher** *fam* schwach werden [23] **c'est pas mes oignons** *loc fam* ce n'est pas mon problème [25] **remuer** bewegen, ergreifen **de fond en comble** de haut en bas, complètement [27] **attendrir** émouvoir, toucher

J'ai voulu l'embrasser, mais il m'a repoussée.

– Quand je pense que t'es sortie avec ce bouffon …

– Que pour la frime!

– Justement, c'est dégueulasse! Ces patins que vous vous rouliez devant tout le monde …

– Ah, tu vois bien que tu regardais!

J'ai ricané. Pas très sympa, mais bon …

– De toute façon, à qui la faute, hein? Si tu ne m'avais pas plaquée, c'est avec toi que je …

– Eh, ho, j'ai une tête à m'exhiber en public, peut-être? Là, tu deviens vexante, ma vieille!

Il élevait la voix, j'ai préféré m'écraser. J'avais pas les nerfs assez solides pour une engueulade.

– T'as raison … j'ai dit, en lui tendant mes lèvres. Au moins, ici, même si c'est un endroit fait pour, on ne se donne pas en spectacle …

Un escalier, derrière la scène, mène aux loges. L'une d'elles (celle où je me trouve maintenant) contient un lit de camp où Rafik dort parfois, quand il n'a pas envie de rentrer chez lui. Loud m'a proposé de m'y installer pour le temps de mon «séjour».

– Y a un cabinet de toilette (il me l'a montré), une cuisine (il me l'a montrée aussi), et des provisions dans le frigo (yaourts et sodas, essentiellement). Ça ira?

– Tu ne restes pas avec moi?

– Tu rigoles? Pour que la police déboule illico!

– Pourquoi elle déboulerait?

– Il va y avoir une enquête, qu'est-ce que tu crois? Les flics sont sans doute déjà sur les dents, ils interrogent tes proches, nos copains de classe, tous ceux que tu fréquentes. Si je disparais moi aussi, ils feront tout de suite le rapprochement. Ils remonteront jusqu'à Rafik et, forcément, jusqu'au théâtre!

[2] **le bouffon** Narr, Kasper [3] **pour la frime** *fam* zum Schein [4] **dégueulasse** *fam* ekelhaft, widerlich **se rouler des patins** *fam* jdm einen Zungenkuss geben [7] **ricaner** höhnisch lachen [10] **exhiber** se montrer [11] **vexant,e** blessant [12] **s'écraser** *fam* ne pas protester, n'oser rien dire [17] **le lit de camp** Feldbett [21] **les provisions** *f* Vorräte **le soda** limonade [24] **débouler** *fam* arriver brusquement [27] **être sur les dents** in äußerster Anspannung sein

– Vu sous cet angle, évidemment… T’as intérêt à ce qu’on te remarque le moins possible.

– Tu m’étonnes! Une chance que je sois toujours resté loin de toi, ça écartera les soupçons. Enfin… espérons-le! Je n’ose même pas imaginer le drame si le patron de mon frère apprenait… (Coup d’œil sur sa montre.) D’ailleurs, faut que je me dépêche: il est presque huit heures, ma mère va s’inquiéter!

Et voilà. Je me retrouve toute seule dans ce grand théâtre vide. Angoissée, heureuse, terrifiée, je ne sais pas trop, d’ailleurs ça change tout le temps. Quand je pense à mes parents, à l’enquête, aux keufs, le flip monte. Alors, je m’efforce de fixer mon esprit sur autre chose: Loud, ce théâtre, ma liberté retrouvée – les aspects positifs de l’aventure, quoi! – et la tension redescend. En gros, je passe sans cesse de l’exaltation à la déprime et de la déprime à l’exaltation; un vrai yoyo.

Je crois que je vais aller dormir. Demain, j’y verrai plus clair…

minuit

Pas la peine de m’obstiner, je suis aussi réveillée qu’en plein jour. Trop de trucs me tournent dans la tête, et puis cet endroit me donne la chair de poule. J’entends des craquements partout autour de moi. Il doit y avoir des rats, des souris, des cafards … Se retrouver enfermée dans un théâtre, la nuit – ou dans un musée, ou dans une vieille bibliothèque, ou dans un cimetière –, ça ressemble à un début de film d’épouvante! Je ne peux pas m’empêcher d’être sur le qui-vive, de tendre l’oreille dans le noir… Et c’est pire! Les bruits de mon propre corps: battements, bourdonnements, clapotis, borborygmes deviennent assourdissants, et encore plus effrayants que tout le reste!

Donc, premièrement, garder la lumière allumée, même pour dormir.

Deuxièmement, il faut que je me trouve une occupation. Bouquiner,

[4] **le soupçon** Verdacht [9] **angoissé,e** qui a peur **terrifié,e** voller Furcht [10] **le keuf** *fam* agent de police [11] **le flip** *fam* dépression [14] **l’exaltation** *f* Begeisterung [17] **s’obstiner** insister [18] **la chair de poule** Gänsehaut [19] **le craquement** Knacken [20] **le cafard** Kakerlake [22] **le film d’épouvante** Horrorfilm [23] **être sur le qui-vive** wachsam sein [25] **le battement** Herzschlag **le bourdonnement** Ohrensausen **le borborygme** Darmgeräusche [26] **assourdissant** ohrenbetäubend

par exemple, pour fixer mon esprit sur autre chose que ma trouille. Malheureusement, je n'ai pas pris de livre, avec moi. Juste mon journal… Encore une chance que je l'aie, celui-là! Écrire, c'est mieux que rien, et je peux toujours le relire si je suis en panne d'inspiration.

Demain, je demanderai quelques romans ou des BD à Loud. À moins que je n'en dégote ici, mais rien n'est moins sûr. Rafik ne semble pas être un fana de lecture: tout ce que j'ai trouvé, dans sa chambre, c'est un vieux magazine auquel il manque des pages et que j'ai parcouru de long en large, hier soir, en bouffant mes yaourts…

Troisièmement, faut ab-so-lu-ment que je cesse de penser à mes parents. Parce que, en réalité, c'est eux qui me mettent dans cet état de stress. Je culpabilise à mort!

Si au moins je pouvais leur téléphoner… Juste les rassurer, leur dire que je suis vivante… Pourquoi j'ai pas de portable? J'en avais demandé un pour Noël, mais papa s'y est opposé. La fille d'un de ses collègues a coûté une fortune à ses parents, en téléphonant sans arrêt à l'étranger (son petit ami était suisse). Elle devait je ne sais pas combien de milliers de francs à France-Télécom, et comme elle est mineure, c'est son père qui a été obligé de raquer. J'ai eu beau lui dire, au mien, de père, qu'avec le forfait-carte, ce genre de chose ne risquait pas de m'arriver, rien à faire. C'était niet, niet, niet. Il doit s'en mordre les doigts, aujourd'hui! Parce que les cabines téléphoniques, quelle galère! D'ailleurs, j'en ai pas croisé, en venant… Et je ne me verrais pas sortir pour en trouver une, au hasard, à cette heure-ci. Je ne sais même pas où on est, ni le nom de la rue, ni celui du théâtre. En plus, j'ai pas la clé… Sans compter que je suis certainement déjà recherchée, et que tout le monde connaît mon visage!

Au fait, je suis idiote, moi! Pourquoi je me prends la tête, y a toujours le téléphone, dans les théâtres!

6 **dégoter** *fam* trouver 7 **le fana** *fam* fanatique, passioné 12 **culpabiliser** sich schuldig fühlen 16 **une fortune** *ici:* beaucoup d'argent 19 **raquer** *fam* payer 20 **le forfait-carte** Guthabenkarte für Handys 21 **niet** non 22 **la galère** *fam* situation difficile

Oui, mais où? Loud ne me l'a pas montré …

Partir en exploration dans cet endroit inconnu au beau milieu de la nuit, ça craint!

En même temps, qu'est-ce qu'une frousse (même bleue!) comparée au chagrin de parents dont l'enfant vient d'être enlevé? Surtout si ces parents sont les miens! Et si l'enlèvement est bidon!

Bon, allez Gina, du cran! Faut à tout prix les rassurer! À trois, je rassemble mon courage et je sors de ma piaule. Un, deux, trois …

[3] **ça craint** *fam* c'est risqué [4] **la frousse** *fam* peur **(peur) bleue** *loc* peur intense [5] **le chagrin** peine [6] **l'enlèvement** *m* Entführung *v. enlever* **bidon** *fam* simulé [7] **du cran** *fam* courage

Vendredi 26 mai

Il est midi. En ce moment, je devrais être à la cantoche et mes parents au travail. Au lieu de ça, moi je suis ici à me ronger les sangs et eux à la maison, avec des journalistes, des flics, et tout le bataclan … Dans quelle situation je me suis encore fourrée?

plus tard

Je reprends mon journal, interrompu par les infos (on ne parle que de mon enlèvement, sur toutes les chaînes!) Où j'en étais? Ah oui, hier soir, au moment où je sors de la loge. Pas évident de quitter ma chambre douillette (enfin … relativement!) pour m'aventurer dans le théâtre obscur – autrement dit en plein mystère. Rien que trouver les interrupteurs, c'est déjà un problème: je suis pas nyctalope! (j'adore ce mot: c'est le nom de mon groupe de rap préféré.) Bref, après bien des tâtonnements, je parviens à regagner la scène, puis la salle. Je remonte l'allée centrale … Sur la gauche, une porte. Je la pousse … Le hall d'entrée. (J'évite d'éclairer, des fois qu'on aperçoive la lumière de la rue, entre les lames du volet de fer.) Juste avant le guichet, un petit couloir, je m'y engage. Bingo! Il donne sur un bureau où non seulement il y a un téléphone, mais aussi la télé. Avec un cri de joie, je bondis dessus, la mets en marche. Et là … là …

Là, je tombe sur ma mère en larmes. Le choc! Mes jambes flageolent d'émotion. Une chance qu'il y ait une chaise derrière moi, sans quoi …

Maman, en gros plan, lance un appel aux ravisseurs. Elle les supplie de ne pas faire de mal à sa petite fille. C'est pathétique! Je comprends à peine ce qu'elle dit tellement elle pleure. On n'a pas le droit de faire souffrir ses parents comme ça!

Je me rue sur le téléphone pour l'appeler, mais, au moment de composer le numéro, la caméra s'éloigne et balaie le reste de la pièce.

[2] **la cantoche** *fam* cantine [3] **se ronger les sangs** *fam* s'inquiéter [4] **et tout le bataclan** *fam* et tout le reste [10] **douillette** confortable [11] **l'interrupeur** *m* Lichtschalter [12] **le nyctalope** personne qui voit dans la nuit [14] **le tâtonnement** Tasten [16] **des fois que** *pop* si jamais, au cas où [17] **la lame** Lamelle **le volet** Fensterladen [20] **bondir** *ici:* sich darauf stürzen [21] **flageoler** trembler [23] **le ravisseur** kidnappeur [28] **balayer** *ici:* montrer, passer sur

Le salon est bourré de gens – dont un commissaire de police qui, à son tour, s'adresse aux kidnappeurs. Il les prévient que toutes les lignes sont sur écoute et leur conseille, en gros, de me relâcher immédiatement sans espérer obtenir une rançon.

Je repose aussitôt le téléphone.

Papa proteste. Il dit qu'il n'est pas d'accord avec ce procédé, que si les ravisseurs veulent nous contacter, il faut qu'ils puissent le faire sans se sentir en danger. Les journalistes approuvent, tout le monde se met à discuter. Ma mère hurle: «Allez-vous-en, laissez-nous tranquilles!» et s'effondre en sanglots. Papa accuse Socio-life d'être la cause de tout, il traite Combourg de criminel, remet sur le tapis les pressions et les menaces que nous avons subies. Le ton monte de nouveau.

Je me dis: «Qu'est-ce que je fais? J'appelle ou j'appelle pas?» Je donnerais n'importe quoi pour atteindre mes parents, mais, en même temps, je ne peux pas courir le risque de me faire repérer: ça ficherait Loud et Rafik dans la merde. Toutes les dix minutes, la chaîne repasse la scène de mon kidnapping avec une voix off qui exhorte les témoins à se manifester, pour aider l'enquête. Une chance, la caméra a bougé, le film est flou, et on ne distingue ABSOLUMENT RIEN. Y a un arrêt sur image à l'instant où je disparais dans la foule, mais Loud reste invisible. À peine devine-t-on qu'une main s'empare de la mienne…

Je zappe. Sur les autres chaînes, la même séquence passe également en boucle. Combien Socio-life a-t-elle vendu les droits de diffusion de ce «clip» à sensation? Des millions, je suppose… Taux d'écoute: 100%! Même les rares personnes qui boudaient *Regardez-moi!* doivent être devant leur poste, à cette heure. Combourg est encore gagnant sur tous les tableaux.

Et pendant ce temps-là, nous, on dérouille. Mon père gueule, ma mère sanglote. Et moi, je n'ai pas le droit de décrocher ce putain de téléphone pour les consoler…

Y a de quoi se taper la tête contre les murs.

[1] **bourré,e de** plein de [4] **la rançon** Lösegeld [10] **s'effondre en sanglots** in Tränen ausbrechen [11] **remettre sur la tapis** *loc* reparler de qc [15] **ficher** *fam ici:* mettre [17] **exhorter** inviter, encourager [19] **flou** *ici:* unscharf [22] **zapper** changer de chaîne de télé [23] **en boucle** Wiederholungsschleife [28] **dérouiller** *pop* aushalten, ausbaden [29] **ce putain de …** *fam* verdammtes …, Scheiß-

De quoi se flinguer, ouais. Pour en finir une bonne fois pour toutes!

C'est la voix de Loud qui me réveille, vers huit heures. À force de pleurer, je me suis endormie devant la télé allumée. J'ouvre les yeux, éberluée, je me demande ce que je fais là, puis tout me revient et je crie:

– Loud! Ici! Dans le bureau!

Il rapplique comme une bombe:

– Tu m'as foutu une de ces trouilles! J'ai cru que tu étais partie …

À la télé, un flash d'information rediffuse des images de cette nuit. Je les lui montre. Il s'inquiète:

– Tu n'as quand même pas téléphoné?

– Non, mais j'ai failli … On ne peut pas laisser mes parents comme ça! Regarde dans quel état est ma mère!

– Je les appellerai d'une cabine, en allant au bahut.

– Gaffe, ils sont sur écoute!

– Je ne parlerai que quelques secondes, c'est trop peu pour que les flics repèrent d'où vient l'appel. Surtout d'une cabine publique …

– Qu'est-ce que tu vas leur dire?

– Ben … que tu vas bien …

– Et s'ils ne te croient pas?

Il a un haussement d'épaules qui signifie «tant pis pour eux», puis me demande si je n'ai besoin de rien. Je lui réponds:

– De toi.

À l'idée de passer la journée avec, pour unique compagnie, mes remords et mon chagrin, je panique.

Mais les flics vont sûrement se ramener au bahut, interroger tout le monde, ce n'est pas le moment de faire le mariole …

– À quatre heures et demie, je fonce te retrouver! promet Loud.

On s'embrasse.

– T'as les lèvres salées, remarque-t-il.

Normal, j'ai chialé la moitié de la nuit!

Il part à regret. Je l'accompagne en reniflant jusqu'à la porte.

[1] **se flinguer** *fam* se tuer [4] **éberlué,e** *fam* perplex [20] **tant pis pour eux** Pech für sie [26] **le mariole** *fam* idiot [31] **renifler** schnüffeln, schniefen

– Au fait, on est où? je demande, comme il pousse le battant.

– Au théâtre Louise, place des Fédérés. Tu ne connaissais pas?

Je secoue la tête. Jamais venue dans ce coin… La porte se referme. Si je m'écoutais, je hurlerais.

13 heures 08

Loud vient de m'appeler. J'étais dans le bureau, le nez sur l'écran, à suivre minute après minute la progression des événements. J'ai longtemps hésité avant de répondre, mais comme je me doutais bien que c'était lui, j'ai quand même fini par décrocher – sans un mot, en mettant juste mon oreille sur l'écouteur.

– Gina, tu m'entends? il a chuchoté, très bas.

– Oui… T'es où?

– Dans les chiottes, j'ai emprunté le portable de Sidali. Le collège est plein de keufs…

– Je sais, je l'ai vu à la télé.

– Ils ont interrogé Caramelle…

– Et alors?

– Elle n'a pas vendu la mèche. Noémie, Audrey et Steph y sont passés aussi.

– Et toi?

– Non, j'ai pas l'air de les intéresser.

– Mes parents ont reçu un coup de fil du kidnappeur, c'était toi?

– Évidemment, qui veux-tu que ce soit? J'ai eu ton père. J'avais mis mon bandana devant ma bouche pour déguiser ma voix. J'ai dit: «Ne vous en faites pas pour Gina, elle se porte bien et vous embrasse», puis j'ai raccroché immédiatement.

– La police pense que c'est bidon.

– Hein?!

– Depuis hier, ça n'arrête pas de sonner dans les commissariats. Du pur délire! Ils ont droit à tout, paraît-il: le barje qui s'accuse de m'avoir zigouillée et enterrée dans le bois de Vincennes, les prétendus terroristes qui me retiennent en otage, les fanatiques religieux qui ont

[4] **s'écouter** auf sich selbst, die innere Stimme hören [13] **les chiottes** *f fam* toilettes [24] **déguiser** *ici:* verstellen [30] **le barje** *fam* barjo, fou [31] **zigouiller** *fam* tuer

agi au nom de la «justice divine», etc. La seule différence entre ton appel et les autres, c'est qu'il a atterri chez moi. Le commissaire en a conclu que tu connaissais mon numéro, mais ça ne prouve rien. Il a déclaré que «la névrose collective n'épargnait personne, dans ce genre de cas. Même pas les proches de la victime!»

– Et tes parents, qu'est-ce qu'ils en pensent?

– Ils attendent toujours la demande de rançon.

Et moi, j'attends que ce cauchemar se termine…

20 heures et des poussières

Deuxième soir au théâtre. Je me demande comment je tiens le coup. Loud vient de me quitter. À quatre heures et demie, quand il est arrivé, je frisais la crise de nerfs. Il avait apporté des pains au chocolat.

La première chose qu'il a faite, c'est éteindre la télé. (J'étais scotchée devant depuis le matin!) Puis il m'a entraînée dans la salle, et on s'est assis au bord de la scène, les pieds dans le vide, pour goûter. Il n'y avait pas un bruit. Le silence après des heures et des heures d'infos à haute dose, ces sièges inoccupés, les petits anges en plâtre au-dessus de nos têtes, le bras de Loud autour de mes épaules… C'était trop, j'ai fondu en larmes. Il m'a laissée pleurer, le front dans mes cheveux.

– J'en peux plus, je disais, j'en peux plus… Je veux que ça cesse…

Ses lèvres sèches et douces couraient sur mon visage brûlant, sur mes yeux, mon nez, ma bouche. Il me serrait, me caressait. Je sentais son cœur battre à travers son T-shirt. Petit à petit, je n'ai plus pensé à rien.

C'était bon d'être là, à s'aimer devant personne.

À un moment, j'ai quand même eu comme un sursaut. Je venais d'imaginer des gens, sur tous ces sièges. Des gens qui nous regardaient. Mais la vision d'horreur s'est effacée quand sa langue est partie à la recherche de la mienne. Rien à voir avec les baisers sans saveur de Steph.

Les frissons de plaisir, c'est encore le meilleur remède contre l'angoisse. Dommage que ça se soit arrêté… J'aurais donné n'importe

[2] **atterrir** landen [4] **la névrose** Neurose [12] **friser** *ici:* être proche de [13] **être scotché,e** *fam* vor dem Fernseher kleben bleiben [25] **le sursaut** *v. sursauter* [30] **le remède** (Heil)mittel

quoi pour que Loud reste avec moi, cette nuit. Lui aussi, je crois. Dormir dans les bras l'un de l'autre et tout oublier … Et, au lieu de ça, je me retrouve de nouveau ici, à tourner en rond dans ma solitude, prisonnière de ma peur.

Qu'est-ce qui est pire, en fin de compte? Cette prison-ci ou l'autre, celle du voyant rouge?

plus tard

Je voudrais avoir une vie NORMALE!

encore plus tard

Je sais ce que je vais faire: je vais écrire une lettre à maman. Je demanderai à Loud de la poster demain.

Voilà. J'ai déchiré une feuille de mon journal et j'ai marqué:

Maman chérie,

Ne t'inquiète pas, tout va bien. Un commando de spectateurs, émus par mon appel au secours, a décidé de m'arracher aux griffes de Socio-life. Ils ne me veulent pas de mal, au contraire, ils me chouchoutent. Je suis dans un endroit très loin de Paris, à la campagne. Il y a tout le confort et des gens adorables s'occupent de moi. C'est comme des vacances, après les sales moments que je viens de passer.

Je pense tout le temps à papa et à toi. Pardon de vous avoir entraînés dans cette affreuse histoire.

Ta fille qui t'aime,

GINA.

presque minuit

D'avoir écrit à mes parents, ça m'a retiré un poids. Et j'ai pris du recul. C'est vrai que je suis bien ici – un peu seule, d'accord, mais honnêtement, j'ai pas à me plaindre. Dans d'autres circonstances, je serais ravie

15 **la griffe** Klaue, Kralle 16 **chouchouter** *fam* verwöhnen 25 **le recul** Abstand, *v. reculer*

de cette aventure. Un théâtre entier à ma disposition, quel rêve, quand on y pense!

Et puis… je n'ai pas menti, dans ma lettre: quelqu'un d'adorable s'occupe de moi et me chouchoute!

En fait, ce qui me sape le moral, c'est la télé. Faut que je l'oublie, celle-là! Elle a commis assez de dégâts dans ma vie, que je sois d'un côté ou de l'autre de l'écran!

Je me sentais si légère que je me suis dit: «Faut en profiter!» Du coup, je suis retournée sur scène. J'ai levé la manette pour ouvrir le rideau et improvisé un spectacle. C'était exaltant – d'autant plus qu'il n'y avait personne pour me voir. J'avais l'impression de prendre ma revanche sur le public. Ah, vous avez maté comme des malades mes petits gestes de tous les jours? Eh bien, maintenant que je fais des choses exceptionnelles, vous resterez en dehors du coup, na! (Un peu bête, ce genre de réaction, mais tellement jouissif! Et puis… qui le saura, à part moi?)

La salle vide a eu droit à toutes les chansons de mon «répertoire»… Au numéro de claquettes à la Fred Astaire que mamie m'a appris… À une danse du ventre… À un extrait du *Père Noël est une ordure* (je jouais tous les rôles à la fois)… Et même à un strip-tease, oui madame!

Après m'être bien défoulée, je suis redescendue dans ma loge et j'ai bouffé tous les yaourts qui restaient dans le frigo!

5 **saper** untergraben 6 **commettre des dégâts** Unheil anrichten 10 **exalter** animer, exciter, *contr* calmer 15 **jouissif,ve** qui apporte un vif plaisir 18 **le numéro de claquettes** Stepptanz 19 **Le Père Noël est une ordure** *titre de film culte français, comédie* 21 **se défouler** *fam* sich abreagieren

Samedi 27 mai

J'ai donné ma lettre à Loud. Il m'a promis de la poster le plus tôt possible.

Ah, j'oubliais: il m'a aussi retiré mon bracelet, avec une pince coupante. Je suis enfin débarrassée de cette horreur. Ce n'est pas trop tôt! Je l'ai piétinée jusqu'à ce qu'elle soit complètement déformée!

midi

Bouquiné toute la matinée. Loud m'a apporté les Dix Petits Nègres, d'Agatha Christie. Je l'avais déjà lu, mais ça fait passer le temps. Comme je connais la fin, je n'ai même pas la trouille.

Pareil pour le théâtre: je l'ai exploré de long en large, baignoires, balcons et lavabos compris. Il ne me reste plus rien à découvrir.

Qu'est-ce que je vais bien pouvoir faire de mon après-midi?

15 heures 20

Loud vient de m'appeler. Il m'aime. Moi aussi. Il ne viendra pas directement à quatre heures et demie, parce qu'il doit acheter un timbre et une enveloppe pour ma lettre, et qu'il veut aller la poster à Châtelet (histoire de brouiller les pistes).

17 heures

Je m'emmerde, je m'emmerde, je m'emmerde. Alors, il arrive, Loud?

6 **piétiner** frapper avec les pieds, écraser 18 **brouiller les pistes** rendre les recherches difficiles

Lundi 29 mai

Maman a reçu ma lettre mais ça ne l'a pas vraiment rassurée. Le commissaire pense qu'on m'a obligée à l'écrire. En plus, il est sûr que je n'ai pas quitté Paris, à cause du cachet de la poste. «Les truands novices négligent souvent ce genre de détail», a-t-il affirmé de l'air de «celui auquel on ne la fait pas». Papa s'est de nouveau adressé aux kidnappeurs. Poignant. Je ne réalisais pas que mes parents m'aimaient à ce point-là.

Faudrait que je puisse les voir pour tout leur avouer de vive voix, mais ça, c'est impossible: les caméras ne les lâchent pas d'un pouce.

Heureusement que Loud est resté avec moi, ce week-end. C'était cool. Malheureusement, là, je recommence à déprimer.

11 heures

J'HALLUCINE! Steph prétend que c'est lui qui m'a enlevée. Sa déclaration est passée sur toutes les chaînes. Qu'est-ce qui lui prend, à ce con? Il a fondu un fusible ou quoi?

[4] **le cachet de la poste** Poststempel **le truand** Gauner [5] **novice** unerfahren **négliger** vernachlässigen [7] **poignant** ergreifend [10] **ne pas lâcher d'un pouce** *loc* kein bisschen nachlassen, keinen Fingerbreit nachgeben [14] **halluciner** *fam* être stupéfait, étonné [16] **fondre un fusible** devenir fou

Mardi 30 mai

Il s'est passé trop de choses, depuis hier. Faut que je me décide à prendre mon cahier, mon stylo, et à raconter, sinon je vais en oublier la moitié. Parce que plus le temps passe, plus les événements se précipitent …

Il y a d'abord eu la fausse confession de Steph. Un pavé dans la mare! Au début, je ne comprenais pas ses raisons, et pourtant elles sont évidentes: il veut attirer l'attention sur lui. En devenant mon copain, c'était déjà son but. Socio-life avait écarté sa candidature au profit d'une petite collégienne sans envergure (c'est-à-dire moi)? Qu'à cela ne tienne, il allait se débrouiller pour passer quand même à la télé, par mon intermédiaire! Là, pareil. Mon enlèvement captive le public? Il récupère cet intérêt à son profit en faisant, devant les caméras, un numéro de «chevalier sans peur et sans reproche». Touché par ma détresse, il aurait, prétend-il, décidé de me venir en aide. Il m'a donc enlevée et cachée en lieu sûr, dans «un endroit qu'il ne révélerait pas sous la torture». (Texto, je n'invente pas!) Loud était mort de rire en l'écoutant, mais légèrement vexé tout de même. «Il a pas bientôt fini de marcher dans mes plates-bandes, ce con?», a-t-il grogné – avant que je le fasse taire d'un baiser. Ceci dit, les élucubrations de ce m'as-tu-vu nous arrangent drôlement: si les recherches de la police s'orientent vers lui, nous, on est peinards!

Le «coupable» a été embarqué par les flics mais, après quelques heures de garde à vue, ils l'ont relâché. Le commissaire n'a pas gobé ses «aveux». Trop invraisemblables, trop cousus de fil blanc. Steph n'a pu fournir aucune preuve de ce qu'il avançait (et pour cause!). En plus, comme il est mineur – donc protégé par la loi –, ils n'ont pas eu le droit de le mettre en préventive.

[4] **se précipiter** *ici:* sich überstürzen [5] **la confession** Geständnis **un pavé dans la mare** *loc* un événement qui apporte la surprise et le trouble [9] **sans envergure** ohne Bedeutung [10] **qu'à cela ne tienne** peu importe [11] **par l'intermédiaire de qn** mit Hilfe von **captiver** passionner [12] **récupérer** *ici:* utiliser [13] **chevalier sans peur et sans reproche** Ritter ohne Furcht und Tadel [16] **la torture** Folter **texto** *ici:* Originalton [18] **marcher dans les plates-bandes de qn** *loc* jdm ins Gehege kommen [19] **les élucubrations** *péj* Hirngespinste **le m'as-tu-vu** *fam* Angeber [21] **peinard,e** *fam* tranquille [23] **la garde à vue** Polizeigewahrsam **gober** *fam* croire [24] **l'aveu** *m* Geständnis **cousu,e de fil blanc** *loc* trop exagéré pour être vrai [26] **mineur** minderjährig [27] **la préventive** Untersuchungshaft

Mes parents, pour leur part, étaient mitigés: ils auraient bien aimé que ce soit vrai mais, à eux aussi, ça leur semblait du flan. Les médias, en revanche, ont marché dans la combine comme un seul homme. Steph a fait la une des journaux avec des titres genre: *DÉLINQUANT PAR AMOUR*. Il incarnerait, selon la presse, *les aspirations éternelles de l'adolescence, son besoin d'absolu, sa soif d'idéal, son sens du sacrifice.* N'importe quoi! … *NON, LE ROMANTISME N'EST PAS MORT! (Île-de-France-Matin). «JE L'AIME, JE LA DÉLIVRE, QUITTE À FINIR EN TAULE!» (Le Citoyen). STEPH: LE HÉROS CHEVALERESQUE QUE CHACUN PORTE EN SOI! (Paris-Infos). ROMÉO A DU CŒUR! (Hebdo-flash). VISAGE D'ANGE, ÂME DE BRAVE (Interlude).* Bref une tonne de salades plus nulles les unes que les autres, que je vais pas m'amuser à toutes recopier.

Voyant le parti à tirer de la situation, Socio-life a déménagé chez lui, sous prétexte qu'à un moment ou à un autre, il finirait bien par «les mener vers moi». (En réalité parce qu'ils ont flairé la bonne affaire!)

Je pensais pouvoir enfin contacter mes parents, puisqu'ils ne sont plus filmés en permanence, mais Loud m'en a dissuadée: leur ligne est toujours surveillée. Alors, j'ai eu une meilleure idée: mamie!

Je lui ai téléphoné hier soir. Comme Loud ne voulait à aucun prix que j'appelle du théâtre (des fois qu'elle serait, elle aussi, sur écoute), on a attendu qu'il fasse nuit pour sortir. J'étais tout excitée de quitter ma «prison», mais terrifiée à l'idée d'être reconnue. Après avoir envisagé de porter un masque, le tchador, ou même de me défigurer comme dans *Les Mystères de Paris* d'Eugène Sue, où un bagnard évadé se «débarbouille» au vitriol (la chirurgie esthétique de l'époque!), j'ai fini par réutiliser la casquette et le bandana. Heureusement, la cabine n'était pas très loin, dans une petite rue sombre.

[1] **mitigé,e** zwiespältig, *sentiments mitigés* gemischte Gefühle [2] **sembler du flan** *fam* ne pas être vrai [3] **marcher dans la combine** *fam* Bescheid wissen [4] **délinquant** straffällig [5] **incarner** verkörpern **l'aspiration** *f* désir, rêve, souhait [8] **délivrer** rendre libre, libérer [9] **être quitte à faire qc** auch auf die Gefahr hin, dass man etw tut **la taule** *fam* prison [12] **brave** tapfer **une tonne de salades** *fam* énorme quantité de mensonges [14] **tirer le parti de qc** Vorteil aus etw ziehen [16] **flairer** wittern [18] **dissuader qn de faire qc** jdn davon abbringen etw zu tun [24] **défigurer** entstellen [25] **le bagnard** prisonnier [26] **se débarbouiller** sich das Gesicht waschen **le vitriol** Vitriol, Sulfat, ätzende Flüssigkeit

La joie de mamie en m'entendant!

– Ainsi, c'est vrai, ce qu'on raconte? Ton amoureux t'a mise à l'abri?

J'ai répondu que oui (sans préciser l'identité de l'amoureux). Elle a illico prévenu mes parents, et, avec Loud, on est rentrés juste à temps pour voir maman, enfin soulagée, remercier Steph par l'intermédiaire du petit écran.

– Bien joué! s'est réjoui Loud. Grâce à ce crétin, on va avoir les coudées franches!

Parce qu'un nouveau problème se posait pour nous: dans un jour ou deux, les ouvriers débarquent. Et je vais où, moi? Pas question que je rentre à la maison, évidemment: rien que d'évoquer ce qui m'y attend (les caméras, les journalistes, etc.), j'ai envie de m'enfuir à toutes jambes. Alors, où? Chez mamie? Je l'ai envisagé cinq minutes, mais ce n'est pas prudent, surtout maintenant: mon coup de fil l'a projetée sur le devant de la scène. À Moussy-le-Neuf, chez tante Nicole et oncle Bernard? Ils me dénonceraient tout de suite, trop contents qu'on parle d'eux à la radio! Chez ma cousine Sylvie, en province? Non, il est hors de question que je quitte Paris: j'ai pris l'habitude de voir Loud tous les jours et je tiens à ce que ça continue!

Parce que Loud, mon Loud … eh bien, j'en suis de plus en plus dingue! Et ses baisers … ce qu'ils me font, ses baisers … Il n'y a pas de mots assez forts pour l'exprimer! En tout cas, je ne peux plus me passer de lui!

– Je voudrais être minuscule pour que tu me caches dans ta poche, j'ai ronronné, en me blottissant dans ses bras. Tu m'emmènerais partout avec toi, et, la nuit, je dormirais sur ton oreiller.

C'est à ce moment-là qu'on a eu L'IDÉE.

Enfin, quand je dis «on» … C'est Loud qui l'a eue!

– Y aurait peut-être une solution pour que tu viennes habiter chez moi, il a murmuré. Mais … faudrait que tu acceptes de changer du tout au tout!

[8] **le crétin** *fam* personne stupide, idiot **avoir les coudées franches** *loc* avoir la liberté d'agir [11] **débarquer** *ici:* arriver [24] **se passer de** vivre sans [26] **ronronner** schnurren **blottir** kuscheln [27] **l'oreiller** *m* Kopfkissen

– Qu'est-ce que t'entends par «du tout au tout»?

Il me l'a expliqué. Et j'ai été immédiatement d'accord.

– Bon, alors j'appelle mon frangin.

Une demi-heure plus tard, Rafik et Johanne étaient là. Rafik a vingt-trois ans et est aussi sympa que son frère: un grand type relax, plutôt mignon, qui se marre sans arrêt. Johanne est plus vieille, la trentaine au moins, rousse, un peu boulotte, habillée en noir. C'est une maquilleuse professionnelle.

Elle m'a examinée de la tête aux pieds, de loin, de près, en s'écartant, en clignant de l'œil. Elle m'a fait tourner sur moi-même, a relevé mes cheveux, les a ébouriffés. Puis elle a déclaré: «Pas de problème!» et m'a entraînée dans la loge à côté de la mienne – celle qui est fermée à clé, où elle garde tout son matériel. Les garçons ont voulu nous suivre, mais elle les a virés sous prétexte qu'ils allaient la déconcentrer.

Une heure plus tard, j'étais méconnaissable.

Mais vraiment, hein, pas seulement le look! Même mes traits étaient différents. J'avais l'impression de voir une étrangère dans le miroir.

Un étranger, plutôt. Parce que c'était ça, le challenge: me transformer en garçon.

Eh bien, ELLE A RÉUSSI!

Maintenant, je suis un p'tit blond à lunettes ... Exactement le genre de mec qui ne me branche pas! Quand Johanne a commencé à me couper les cheveux, j'avoue, j'avais les boules. Quand elle me les a teints, encore plus – d'autant que le produit me piquait le crâne. Quand elle m'a maquillée, n'en parlons pas: j'ai horreur qu'on me tripote (sauf Loud). Mais quand je me suis retrouvée en face de ce minet avec sa tronche de premier de classe, alors là ... Sincèrement, j'en suis restée sur le cul! Je touchais mon visage, avec l'impression que ce n'était pas le mien. Je souriais, je faisais des grimaces, je clignais des yeux, et le type, dans la glace, m'imitait à la perfection. On aurait dit un gag! Johanne pétait de fierté. «Je t'ai vraiment réussie!» Et elle me rajoutait

5 **relax** *fam* cool, décontracté 7 **boulotte** ronde 11 **ébouriffer** mettre en désordre 15 **méconnaissable** qu'on ne reconnaît plus 18 **le challenge** Herausforderung 22 **brancher** *fam* intéresser 24 **teindre** färben 25 **tripoter** toucher 26 **le minet** *péj* Lackaffe, Schickimicki 27 **la tronche** *fam* tête **rester sur le cul** *fam* très étonné

une touche de poudre, l'estompait du bout des doigts, rajustait mes lunettes, relevait une mèche sur mon front…

Après, elle a camouflé mes seins avec une bande élastique (j'ai pas beaucoup de poitrine mais quand même!). J'ai gardé mes habits à moi – ils sont unisexes –, sauf le blouson en jean moulant, trop féminin. À la place, elle m'a filé un haut de jogging ample, avec une capuche.

Les garçons non plus n'en revenaient pas. Rafik a applaudi, Loud a fait la grimace. Il me préférait nettement en «moi». Et le comble du comble, c'est qu'il n'osait plus me toucher. Aussi mal à l'aise que si j'avais été un vrai mec… Quand j'ai voulu l'embrasser, il a eu un mouvement de recul!

– Gaffe à ton maquillage! m'a recommandé Johanne.

Et lui, trop content:

– Ouais, fais attention, tu m'en fous partout!

Comment on l'a chambré! Son frère était plié!

– Bon, on teste? a proposé Johanne.

Les autres ont approuvé. Moi, pas la peine de me demander mon avis: c'était évident que je n'attendais que ça!

N'empêche, les jetons que j'ai eus quand je suis sortie du théâtre – à visage découvert, cette fois!

– Aie l'air naturel, m'a conseillé Johanne. Et si tu parles, tâche de prendre une voix grave!

On est entrés dans un troquet. Rafik et elle riaient un peu trop fort, Loud était hypercrispé. Et moi, j'avais les genoux qui s'entrechoquaient de trouille.

Personne ne nous a remarqués. Forcément, ils louchaient tous sur la télé où Steph se la jouait «vedette». Une nénette, accoudée au bar, a dit:

– C'est Leonardo DiCaprio, en mieux!

– Tu ne cracherais pas dessus, hein, gredine! lui a lancé le serveur.

Y a eu des gloussements dans la salle, et nous, on s'est regardés.

1 **estomper** verwischen **rajuster** remettre en bonne place 5 **moulant,e** collant 6 **filer** *fam ici:* donner **ample** large 8 **le comble du comble** *fam* Das ist die Höhe! Das ist der Gipfel! 14 **foutre** *fam* mettre 15 **chambrer** *fam* aufziehen **être plié** (en deux/de rire) sich vor Lachen krümmen 23 **le troquet** *fam* bar, café, bistrot 24 **hypercrispé** très tendu **s'entrechoquer** aneinanderstoßen 26 **loucher** regarder 27 **la nénette** *fam* fille 30 **le gredin, la gredine** *fam* Schelm,in

– Une nouvelle étoile est née, a soufflé Johanne. Pas de regrets, Gina?

– Paul, j'ai rectifié. À partir de maintenant, je m'appelle Paul.

– Ça te va comme un gant... Vas-y, Polo, passe la commande!

Elle voulait vraiment qu'on me remarque... et elle avait raison. Après tout, j'étais là pour expérimenter mon camouflage!

J'ai toussoté, et, en changeant ma voix au maximum, j'ai appelé:

– Eh, m'sieur, on peut avoir des Coca?

– Un café, pour moi, s'est empressée Johanne.

– Et moi, une bière, a dit Rafik.

Le serveur nous a lancé un coup d'œil distrait.

– Un café, une bière, et deux Coca pour les jeunes gens! Ça marche! C'était gagné.

9 heures du soir

En rentrant du bahut, Loud m'a ramené... une surprise. Une jolie surprise à frisettes.

«Caramelle!»

Je lui ai sauté au cou. Et elle... Ben, elle avait beau être au courant, elle est restée bouche bée devant ma métamorphose! Presque gênée de m'embrasser, à la limite. Ce qu'on a pu rire!

Elle m'a raconté que, depuis «l'affaire Steph», les flics lui avaient un peu lâché la grappe. Au début, elle avait subi un tas d'interrogatoires où ils essayaient de la piéger, de lui faire avouer qu'elle savait où j'étais, qu'elle était complice, etc. Mais elle a tenu bon, ils n'en ont rien tiré. Pas plus que les journalistes.

– J'ai eu mon «heure de gloire», moi aussi, grâce à toi! rigolait-elle. Mais, honnêtement, je m'en serais bien passée, et mes vieux aussi! Toute cette publicité autour de nous... ils en étaient malades!

Mais bon, maintenant que Steph est la nouvelle coqueluche des médias, les choses se tassent.

9 **s'empresser de** se hâter, se dépêcher 16 **la frisette** Löckchen 19 **bouche bée** étonné **la métamorphose** transformation 22 **lâcher la grappe** *fam* laisser tranquille **l'interrogatoire** *f* Vernehmung 23 **piéger** in die Falle locken **avouer** zugeben 29 **être la coqueluche** être aimé, admiré 30 **se tasser** *fam* s'arranger

On a mis un projet au point, pour demain soir. Un truc dingue, mais qui peut marcher. On va aller en bande «rendre visite» à mes parents. Comme ça, je serai noyée dans la masse … À l'idée de les revoir, je suis folle de joie!

Caramelle est restée jusqu'au retour de la mère de Loud. Celle-là aussi, je l'adore: c'est la femme la plus gentille que je connaisse, je ne comprends pas que son mari l'ait abandonnée! Quand Loud m'a amenée chez lui, la nuit dernière, en disant: «Paul a des ennuis avec sa famille, il peut rester quelques jours chez nous?», elle n'a pas eu une seconde d'hésitation. Elle n'a même pas posé de questions: à bras ouverts, elle m'a accueillie. Comme si, d'un coup, un troisième fils lui tombait du ciel!

Depuis, je partage la chambre de Loud et Rafik. Une pièce avec des lits superposés dans laquelle on a rajouté un matelas, par terre. Pas le grand confort, mais je préfère mille fois dormir là qu'au théâtre! Et puis … être bercée par la respiration du garçon qu'on aime, mmmmm … Même si, de temps à autre, il lui arrive de ronfler! Pauvre Souad (c'est le nom de la mère de Loud, ça veut dire «bonheur», en arabe), si elle se doutait qu'elle héberge une fille! Et une fille célèbre, encore! Recherchée par la police! C'est un peu dégueu de ma part de la tromper comme ça, mais le moyen de faire autrement? Quand tout sera fini (dans deux mois, date d'expiration du contrat) et que je «sortirai de la clandestinité» (comme on dit dans les polars), elle aura droit à mes plus plates excuses!

En attendant, je l'aide de mon mieux pour le ménage. Elle est tout étonnée: ses garçons à elle ne se tapent jamais la vaisselle! Enfin … *ne se tapaient,* parce que, du coup, Loud se sent obligé de filer un coup de main. Pareil pour la bouffe: hier, quand elle est rentrée, les pâtes attendaient sur la table. Ça lui a fait un plaisir fou. Elle m'a trouvée «bien mieux élevé que mes fainéants de fils», mais j'ai avoué que chez

[3] **noyé,e** perdu, disparu [10] **l'hésitation** *f* Zögern [14] **les lits superposés** Etagenbett [16] **bercer** wiegen [17] **ronfler** schnarchen [20] **dégueu** *abr* dégueulasse [22] **l'expiration du contrat** Ablauf des Vertrages [23] **la clandestinité** Untergrund **le polar** *arg fam* roman policier [24] **de plates excuses** demütige Entschuldigungen [26] **se taper** *fam* faire [27] **filer un coup de main** *fam* zur Hand gehen [30] **fainéant,e** paresseux

moi, je n'étais pas mieux qu'eux. «Alors, reste toujours ici!» elle a dit en riant. J'en ai bien l'intention. Pas toujours, mais un bon moment…

Chez eux, je me sens si bien! C'est tout petit mais tellement chaleureux!

Ce soir, on a mangé la chorba: une soupe avec de la viande, des épices, des tomates, des pois chiches… Je me suis régalée. Tout l'appartement sentait le cumin, un délice!

[5] **la chorba** plat nord-africain [6] **les pois chiches** Kichererbsen **se régaler** bien aimer ce qu'on mange [7] **le cumin** Kümmel

Mercredi 31 mai

Maman m'a tout de suite reconnue, et on est tombées dans les bras l'une de l'autre. Socio-life a retiré ses caméras de l'appartement, sauf au salon. Du coup, mes parents l'ont déserté. Ils ont mis la télé dans la cuisine, et c'est là qu'ils restent, la plupart du temps. Comme chez Souad … Marrant, non?

Donc, vers sept heures, on s'est retrouvés, Caramelle, Loud et moi, pour cette fameuse visite. (Au départ, on avait pensé «embaucher» d'autres copains, mais, à la réflexion, moins il y a de gens dans la confidence, moins on risque que le pot-aux-roses soit découvert.) Je ne tenais plus en place: j'étais aussi fébrile qu'avant un rendez-vous d'amour!

En chemin, Caramelle a émis une super-suggestion:

– Si on te faisait passer pour mon petit ami?

Pas bête: s'il restait le moindre doute sur ma «masculinité», ça le dissiperait. Nous nous sommes donc enlacées et Loud, qui nous observait d'un œil critique, a trouvé qu'on était crédibles. Une chance, je suis justement un peu plus grande qu'elle …

En approchant de mon immeuble, j'avais la gorge serrée. L'émotion, la peur de me jeter dans la gueule du loup, l'excitation de retrouver mes parents … Sacré mélange! «Faut pas que je pleure, mon maquillage va couler!» je me disais. (Johanne m'avait fait un «raccord» avant le départ.) Mais on ne maîtrise pas toujours ses émotions …

Le camion n'était plus là; le caméraman, si. Il faisait le pied de grue devant l'entrée, avec sa clope et son sac. Il nous a filmés, ça, c'est sûr! En passant près de lui, j'ai caché mon visage dans les cheveux de Caramelle (heureusement qu'elle a une tignasse d'enfer!), comme si je lui embrassais la tête.

C'est Loud qui a sonné. Papa est venu ouvrir. Caramelle et moi, on est restées un peu en retrait.

[4] **déserter** quitter [8] **embaucher** einstellen [10] **découvrir le pot aux roses** *loc* découvrir le secret [11] **fébrile** excité, nerveux [13] **émettre** formuler **la suggestion** Vorschlag, *v. suggérer* [16] **dissiper** faire disparaître [17] **crédible** glaubhaft [19] **avoir la gorge serrée** der Hals ist wie zugeschnürt [20] **se jeter dans la gueule du loup** *loc* aller vers un danger [22] **faire un raccord** *loc fam* das Make-up auffrischen [24] **faire le pied de grue** *loc* attendre longtemps debout

– Bonjour, monsieur, nous venons prendre de vos nouvelles, a dit Loud.

– Merci, a répondu papa en nous faisant entrer.

Et il a reclaqué la porte au nez du caméraman.

Je me dirigeais d'instinct vers le salon, mais il nous a fait signe d'aller dans la cuisine. Maman préparait du chou-fleur au gratin – mon plat préféré! Quand on est entrés, elle s'est retournée, m'a vue… et a lâché le paquet de fromage râpé.

L'instant d'après, on se serrait l'une contre l'autre en pleurant. Puis ça a été le tour de papa, qui a avoué ne pas m'avoir reconnue.

– Mais je n'ai pas d'instinct maternel! a-t-il donné comme excuse.

On leur a raconté toute l'aventure dans les détails, avec le rôle de chacun. Ils étaient épatés. Eux nous ont dit que le kidnapping, ils n'y avaient cru qu'à moitié, mais ils étaient inquiets quand même.

– Vous n'avez pas d'ennuis avec Socio-life? j'ai demandé.

– Penses-tu! Après la publicité que tu leur as faite! Combourg se frotte les mains: il m'a même proposé de doubler la somme, pour nous dédommager. La seule chose qu'il exige, c'est qu'on le tienne au courant des rebondissements de l'affaire. Il veut en avoir l'exclusivité…

J'ai pouffé de rire.

– Alors là, il se fourre le doigt dans l'œil jusqu'au coude!

– De toute façon, il tient une nouvelle vedette, et qui ne le trahira pas: ton ex…

J'ai bondi:

– C'est pas mon ex, on n'était ensemble que pour la frime!

– Bravo! a sifflé papa. Déjà que ce garçon ne me revenait pas, si j'avais su…

– En tout cas, il n'y en a plus que pour lui, a coupé maman en souriant. Toutes les filles le portent aux nues! La nièce de la standardiste, à mon bureau, collectionne ses photos. Elle en a couvert les murs de sa chambre.

[1] **prendre les nouvelles de qn** sich nach jdm erkundigen [4] **reclaquer** refermer [5] **d'instinct** instinktiv [17] **se frotter les mains** sich die Hände reiben [18] **dédommager** entschädigen [19] **le rebondissement** Wiederaufleben [29] **porter qn aux nues** *loc* admirer qn **la nièce** Nichte **la standardiste** téléphoniste

– Grand bien lui fasse! À elle et à tous ces moutons qui se font avoir par les bobards de la télé. Nous, on est vaccinés, pas vrai, Gina?

En accord avec mes parents, nous avons décidé que je resterais chez Loud jusqu'à ce que tout se tasse. Je les ai prévenus: pas question que je remette les pieds à la maison tant qu'il y aura la moindre caméra! Contre ça aussi – contre ça *surtout!* – je suis vaccinée! Papa va appeler Souad et se mettre d'accord avec elle pour le montant de la pension. Elle protestera sûrement, mais il n'y a aucune raison que je vive à ses crochets.

– Tu ne me trahiras pas, hein, p'pa? j'ai supplié. Je suis un garçon, UN GAR-ÇON!

Surpris de mon insistance, papa a acquiescé. Il doit se demander pourquoi j'y tiens à ce point-là. Ce n'est pas bien compliqué, pourtant: si Souad savait que je suis une nana, elle me virerait de la chambre de ses fils. Et je n'entendrais plus respirer Loud, la nuit…

– Je vais aussi m'arranger avec Lharmattan pour que tu puisses retourner en cours, sous ta nouvelle identité, a repris papa. Mais lui, je ne pourrai pas lui cacher la vérité…

– Tu crois qu'il saura garder le secret?

– Je l'espère pour lui, s'il ne veut pas passer un mauvais quart d'heure!

– De toute façon, c'est la classe de troisième, maintenant, qui est dans le collimateur, plus la nôtre…, a signalé Caramelle.

Quand on s'est quittés, après une bonne assiette de chou-fleur, je me sentais heureuse, heureuse! Comme si je partais en vacances! Sur le kiosque à journaux, y avait une affichette de Steph, avec marqué: *LE PRINCE CHARMANT DONT RÊVENT TOUTES LES JEUNES FILLES.*

Je lui ai tiré la langue en passant.

Alors, Loud n'a pas pu résister. Il s'est rué sur moi et m'a embrassée. Heureusement qu'il n'y avait personne pour nous voir!

[1] **Grand bien lui fasse!** *loc* Ich gönne es ihr! **se faire avoir** sich einwickeln, reinlegen lassen [2] **le bobard** *fam* mensonge **vacciner** impfen [8] **vivre aux crochets de qn** *loc fam* jdm auf der Tasche liegen [12] **acquiescer** dire oui [23] **être dans le collimateur** *loc* être surveillé de près

Au-delà de la lecture

Avant la lecture

1. Regardez et décrivez l'image de la page 3.

2. Qu'est-ce qu'un journal intime?

3. Choisissez un cahier pour en faire un journal de lecture. (v. p. 132)

Compréhension de texte

Il y a plusieurs moyens de vérifier si vous avez bien compris le texte.

– On peut vous poser des questions. Lisez-les attentivement pour être sûr de les avoir bien comprises. Si vous répondez à l'écrit, vous pouvez éventuellement déjà noter le début de votre réponse.
– Vous pouvez également avoir des Q.C.M. (questionnaire à choix multiple). Lisez attentivement les réponses données. Ce sont souvent des détails qui les différencient.
– S'il s'agit d'un exercice avec des phrases vraies ou fausses, faites bien attention pour retrouver ce qui est faux.

Pendant la lecture

17 avril

1. «Regardez-moi», qu'est-ce que c'est?

2. C'est qui?

Gina ____________________

Caramelle ____________________

Loud ____________________

3. Présentez le personnage principal.

4. Pourquoi est-ce que Gina commence à écrire son journal?

5. D'après vous, pourquoi est-ce que Gudule a choisi la forme d'un journal? Quels sont les avantages pour le lecteur?

6. Comment est-ce que Gina a été choisie? Décrivez la démarche de la chaîne de télé.

7. Comment est-ce que Gina a reçu la permission de ses parents de participer à l'émission? Notez ses arguments.

8. Gina a été choisie comme protagoniste de l'émission «Regardez-moi». Quelle est sa première réaction? Sa famille et ses amis, comment réagissent-t-ils?

   Gina ______________________________

   Les parents de Gina ______________________________

   Caramelle ______________________________

   Loud ______________________________

18 avril

1. Où est-ce que Gina va être filmée?

2. Gina apprend pour quelle autre raison elle a été choisie finalement. Expliquez-la.

18 au 21 avril

1. Qui est Steph?

2. Comment réagissent les copines de Gina et les autres copains de sa classe lorsqu'ils apprennent qu'elle a été choisie pour l'émission?

3. Décrivez les différentes réactions de Loud et de Steph.

4. Et vous? Qu'est-ce que vous pensez de cette émission? Choisissez une opinion et expliquez-la.

    1. J'aimerais bien être à la place de Gina.
    2. Si une copine voulait être une vedette, je l'accepterais, mais je n'aimerais pas être à sa place.
    3. J'aimerais bien jouer un rôle dans une pièce de théâtre par exemple, mais je ne comprends pas pourquoi Gina veut se laisser filmée 24 heures sur 24.
    4. Je ne supporte pas la télé-réalité, c'est de la télé-poubelle.

24 avril

1. Pourquoi Gina est-elle convoquée chez le directeur?

2. Comment est-ce que Gina réagit face aux soucis du directeur et de la psychologue?

3. Lisez les phrases suivantes. Trouvez les personnes à qui elles correspondent.

    1. Moi aussi, je voudrais être une vedette de télé.
    2. Les life-shows, ça me rend malade.
    3. Je ne comprends pas pourquoi elle a été choisie et pas moi.
    4. Je suis si contente pour Gina, j'ai toujours su qu'elle serait choisie.
    5. Je me fais du souci pour la petite, elle va être traumatisée après.
    6. Quelle chance pour notre établissement! Le nombre d'élèves va encore augmenter.

25 avril

1. Où est-ce que les caméras sont installées?

2. Qu'est-ce que Gina ressent lorsqu'elle voit les caméras à la maison?

3. Remettez la bonne personne dans les phrases suivantes: c'est Gina, sa mère et/ou son père?

   ________________ a des frissons en regardant toutes les caméras. ________________ s'inquiète, ________________ craint que l'émission perturbe leur vie de famille. ________________ ne veut plus discuter de ce sujet, ________________ en a ras la bol. ________________ s'énerve quand ________________ veulent la rassurer. ________________ trouve que ________________ dramatise. ________________ peuvent sortir de la pièce pour être tranquilles et ________________ passera la plupart du temps dans sa chambre.

1er mai

1. Que fait Gina le jour avant le début de l'émission? Décrivez ses émotions.

2. Pourquoi est-ce que Gina et ses parents sont allés chez Socio-life le samedi?

3. Quels sont les soucis de la mère de Gina? Comment est-ce qu'elle a finalement été persuadée?

4. Expliquez comment les caméras fonctionnent.

5. Comment Gina se comporte-t-elle le soir avant le début de l'émission?
   ☐ Elle ne peut pas dormir.
   ☐ Elle est folle de joie.
   ☐ Elle téléphone à tous ses amis.

6. Quels sont les rêves de Gina quand elle sera riche?
   ☐ Elle habitera dans les Pyrénées dans une maison avec une piscine.
   ☐ Elle sera indépendante de ses parents.
   ☐ Elle rêve de son propre appartement.

2 mai

1. Le professeur d'histoire, Momo, parle de l'influence des médias. Pourquoi est-ce que les life-shows ont du succès d'après lui?

2. Qu'est-ce qui se passe en classe? Pourquoi est-ce que Gina se sent agressée?

3. Lisez p. 24, l. 13 – p. 26, l. 15. Complétez le texte avec les mots «en accéléré, de votre vie, la bande-annonce, dessin animé, aimerez, le générique, intrigués, de plus en plus vite, quotidienne, attendez, l'écran, l'émission, mystérieuse, interviews-express».

   Avant que Gina apparaîsse sur ______________, une présentatrice annonce le début de ______________ : «Voici le moment que vous ______________ tous. Dans quelques minutes, cette jeune fille ______________ aura un visage, et ce visage, vous l' ______________ . Il fera partie ______________ .» Après ______________, quelques ______________ passent sur l'écran avec des gens pris au hasard. Presque tous sont ______________ et pressés de découvrir Gina.

________________ de l'émission montre un petit personnage de

________________ hystérique qui se comporte comme dans la vie

________________ mais tout ________________, tandis qu'une

voix chantonne ________________: «Regardez-moi, ...»

4. Que fait Gina le premier soir de l'émission «Regardez-moi»?

5. Comment les parents de Gina se comportent-ils?

6. Quelle est la différence entre Gina et une actrice? Expliquez pourquoi elle se sent mal à l'aise.

7. Imaginez des interviews-express après la première soirée de l'émission. Que disent les gens dans la rue p. ex. un jeune garçon ou une dame qui sort avec son chien?

3 mai

1. Remettez les phrases dans l'ordre pour reconstruire la première journée de l'émission.

   1. À la récré, Steph demande à Gina de sortir avec lui.
   2. Gina prend le petit-déjeuner avec ses parents dans la cuisine.
   3. Le directeur vient pour accueillir Gina et sa matinée à l'école commence par un cours de maths.
   4. Elle passe l'après-midi à la maison en attendant le rendez-vous qu'elle a avec Steph le soir.
   5. Gina se lève, prend sa douche, s'habille et se maquille un peu.
   6. Sur le chemin de l'école et en arrivant au collège, tout le monde regarde Gina.
   7. Gina se réveille à sept heures après avoir bien dormi.
   8. En rentrant, la moitié de la classe raccompagne Gina à la maison.
   9. Elle sort de la maison pour aller à l'école.

2. Décrivez la campagne publicitaire de Socio-life pour l'émission «Regardez-moi».

3. Quel est le moyen par lequel Gina essaie d'être plus détendue?

4. Décrivez le comportement des autres personnes.

   Les gens dans la rue ______________________________

   Les élèves ______________________________

   Le directeur ______________________________

   Les professeurs ______________________________

5. Lisez p. 31, l. 24 – p. 33, l. 18. Décrivez les différences entre une journée à l'école «normale» et la description de la matinée de Gina.

6. Gina décrit le rendez-vous avec Steph. Comparez-le avec ce qu'elle raconte de son histoire avec Loud.

7. Réécrivez le texte p. 35, l. 25 – p. 37, l. 18.
   Comment est-ce qu'un spectateur voit la scène de l'extérieur. Décrivez le comportement de Gina et les pensées du spectateur.

8. Qu'est-ce que vous pensez de la première journée de l'émission? Comparez votre opinion avec les réactions de la presse le 4 mai.

4 mai

1. Qu'est-ce qui se passe sur le chemin de l'école?

2. À l'école, le directeur doit intervenir. Pourquoi?

3. Expliquez les raisons pour lesquelles Gina et Steph sont ensemble.

4. Pourquoi est-ce qu'ils se disputent au téléphone?

5. Les journaux ont trouvé un nouveau sujet. Quel titre va avec quelle sorte de journal?

> le quotidien national – le quotidien régional
> la presse à sensation – la presse du cœur
> le magazine pour femmes – le magazine pour jeunes
> le périodique de télé

9 mai

1. Décrivez les différentes réactions des autres personnages.
   À l'école, a) Steph, b) Caramelle et c) les autres élèves ainsi que d) au barbecue, tante Nicole, oncle Bernard et les gens du village.

2. Pourquoi Caramelle laisse-t-elle tomber Gina?

3. Réécrivez la lettre à la place de Caramelle.

4. Quelle est la situation dans le métro lorsque Gina veut aller au marché aux puces?

5. Pourquoi est-ce que les filles agressent Gina verbalement?

6. Qu'est-ce que Gina doit changer dans son propre comportement pour retrouver Caramelle?

7. Pourquoi est-ce que Gina s'entend mieux avec Steph?

9 au 11 mai

1. Qu'est-ce que vous pensez du comportement de Gina?

2. Quelles sont les réactions dans la presse?

3. Comparez votre opinion avec les réactions des copains de classe et de la presse.

12 mai

1. Qui écrit une lettre à Gina?

2. À quoi Gina est-elle comparée par sa grand-mère? Expliquez pourquoi.

3. Gina appelle sa grand-mère. Imaginez un dialogue entre Gina et sa grand-mère.

13 mai

1. Dans la salle des professeurs, on discute également de l'émission.
   a) Formulez une phrase pour exprimer l'opinion de Mme Ceccaldi et une autre pour celle de Momo.
   b) Imaginez et jouez le rôle de Ceccaldi et de Momo.

2. La mère de Gina a regardé la télé le matin. Qu'est-ce qu'elle a vu? Trouvez le bon résumé.

Le prof d'histoire, Momo, a rendu le devoir d'histoire et félicite Gina parce qu'elle a la meilleure note. Elle le remercie et toute la classe est en admiration devant elle. Il y a des applaudissements et des cris. Momo a du mal à calmer les élèves.

B

Le prof d'histoire, Momo, a intercepté un billet que Gina a fait passer à Caramelle et le lit. Puis il s'adresse de façon ironique à Gina. Elle est en colère et devient insolente ce qui provoque du chahut dans la classe. Le directeur lui demande de faire ses excuses à Momo, mais elle ne veut pas.

C

Le prof d'histoire, Momo, a intercepté un billet que Gina a fait passer à Caramelle et le met dans sa poche. Il demande à Gina de se concentrer sur le cours et de venir le voir à la fin du cours. Gina est furieuse mais ne peut rien faire.

3. Si vous étiez les téléspectateurs, seriez-vous pour ou contre Gina? Discutez en classe. Puis, lisez la fin de la journée.

4. Trouvez le contraire.
   Exemple: À l'école, un conflit avec son professeur a des conséquences graves pour Gina.
   → En temps normal, le conflit n'aurait pas eu des conséquences si graves pour Gina.

   1. Gina ose répondre à son professeur d'une manière très arrogante.
   2. Son professeur, Momo, ricane et lui parle d'un ton ironique qui la blesse.
   3. Ses parents réagissent très violemment.
   4. Le directeur convoque Gina et lui dit qu'il va lui donner un avertissement.

5. Imaginez la réaction de la presse et des téléspectateurs.

6. Vous faites une interview avec Gina. Quelles questions est-ce que vous lui poseriez? Imaginez ses réponses.

15 mai

1. Quelle est la réaction des parents d'élèves?
   - ☐ Les parents d'élèves sont en colère. Ils exigent le renvoi de Gina.
   - ☐ Les parents d'élèves veulent faire une fête pour Gina. Ils veulent voir le directeur.
   - ☐ Les parents d'élèves ne sont pas contents parce qu'ils ne peuvent pas parler à Gina.

2. M. Lharmattan invite Mme Delpierre à venir discuter dans son bureau. Reconstituez le dialogue.

M. Lharmattan:
- Je vous propose de faire un sondage parmi tous les parents d'élèves pour savoir si Gina peut rester ou pas.
- Donc, vous devez savoir qu'elle aura un avertissement si elle ne présente pas ses excuses à son professeur d'histoire.
- Mais voyons, Madame, il ne s'agit pas d'un délit assez grave pour la renvoyer de l'école. Avant cette expérience de télé, elle n'a jamais montré une telle arrogance.
- Moi, non plus, Madame. Je l'ai déjà convoquée dans mon bureau.

Mme Delpierre:
- Mais elle n'a pas eu l'air de vouloir s'excuser. Un avertissement ne nous semble pas assez convaincant pour cette fille. Nous exigeons une sanction exemplaire.
- M. Lharmattan, nous ne tolérerons pas l'insolence de Gina Lorrain.
- Je sais, j'ai regardé la télé et assisté à tout ce qui s'est passé.
- Justement, c'est cette émission qui aggrave la situation. Si Gina n'est pas renvoyée, nous retirerons nos enfants de votre école.

3. Rédigez un article pour le journal de l'école.

16 mai

1. Gina est bouleversée. Pourquoi?

2. Pourquoi est-ce qu'elle peut parler sans témoin à sa mère?

3. Quelles décisions est-ce qu'elle prend?

4. D'après vous, comment est la «vraie» Gina?

5. Quelle est la première réaction de Steph quand Gina lui annonce la rupture?

6. Qu'est-ce que vous pensez de cette rupture? Comparez votre opinion avec les réactions du journal télévisé.

17 mai

1. Pourquoi est-ce que Steph n'accepte pas l'annonce de rupture de Gina?
   ☐ Parce qu'il aime Gina et est très malheureux.
   ☐ Parce qu'il ne peut plus passer à la télé en vedette s'il n'est plus avec Gina.
   ☐ Parce qu'il est jaloux et croit que Gina a un autre petit copain.

2. Est-ce que Gina sera virée du collège?

3. Imaginez les pensées de M. Lharmattan. Écrivez un monologue intérieur.

18 mai

1. Mme Delpierre rencontre le représentant du comité de soutien de Gina.
   a) Trouvez des arguments de Mme Delpierre et du représentant du comité.
   b) Jouez le dialogue.

2. Pourquoi Socio-life refuse-t-il de stopper l'émission?

3. Expliquez les pièges du contrat.

4. Discutez en classe de la démarche de Socio-life et du rôle de l'opinion publique.

19 mai

1. Notez les différents points de vue de la presse.

2. Imaginez une phrase pour décrire les pensées de chaque personne:

   Gina ______________________________

   Caramelle ______________________________

   Loud ______________________________

   Mme Ceccaldi ______________________________

   Momo ______________________________

3. Que fait Gina pour réconforter ses parents?

20 au 21 mai

Quel est le comportement de Gina pour éviter plus de débats?

22 mai

1. Expliquez le titre du journal Paris-Flash: Le silence de l'agneau.

2. Pourquoi est-ce que Gina rompt son silence?

3. Comment est-ce que Gina essaie d'échapper aux caméras?

23 mai

1. Quel incident déclenche de gros problèmes au lycée?
   - ☐ Gina enlève sa bague.
   - ☐ Gina réplique à son professeur.
   - ☐ Gina embrasse Steph devant le proviseur.

2. Qu'est-ce qui remplace la bague? Quel en est l'effet sur Gina?

3. Notez 5 expressions pour décrire les sentiments de Gina.

4. Réécrivez le monologue de Gina (p. 74, l. 21 – l. 31) lorsqu'elle s'adresse aux téléspectateurs.

5. Qu'est-ce que vous pensez: Est-ce que Gina atteindra ce qu'elle veut? Pourra-t-elle «mettre le public de son côté»?

24 mai

1. Lisez les évènements du 24 mai et comparez-les avec vos réponses à la question précédente.

2. Choisissez une des personnes mentionnées dans le texte et formulez son opinion à sa place.

25 mai

1. Remettez les phrases dans l'ordre chronologique.

   1. Pendant la récré, Gina trouve un message que Caramelle a placé dans les toilettes.
   2. La cachette, c'est un ancien théâtre en rénovation.
   3. Vers 20 heures, Loud doit rentrer à la maison pour ne pas éveiller de soupçons.
   4. Elle y apprend qu'un kidnapping va être simulé et qu'elle doit suivre les instructions.
   5. Gina reste seule dans le théâtre sans pouvoir dormir.

6. Le reste de la journée, Gina est nerveuse, mais doit essayer de rester calme.
7. Loud lui montre la scène et la salle du théâtre et tout ce qu'il y a préparé pour elle.
8. À six heures, elle sort du métro à la station Saint-Lazare.
9. Le matin, à l'école, les discussions deviennent encore plus violentes.
10. C'est son copain Loud qui l'enlève.
11. Le soir, à six heures moins le quart, Gina prend le métro qui est bondé.
12. Puis, Loud et Gina ont l'occasion de s'expliquer.

2. Pourquoi est-ce que Loud a décidé d'aider Gina?

3. Regardez l'image à la page suivante. Trouvez des mots dans le texte (p. 82, l. 24 – p. 84, l. 28) qui évoquent les éléments du théâtre.

4. Gina ne peut pas dormir. Qu'est-ce qu'elle veut aller chercher et pourquoi?

26 mai

1. Vrai ou faux? Cochez les bonnes réponses et corrigez les phrases fausses.

	vrai	faux
Le soir, Gina est sortie de sa loge pour chercher un poste de télévision.	☐	☐
Quand elle allume la télé, elle voit ses parents qui sont très inquiets pour elle.	☐	☐
Ses parents sont seuls à la maison et discutent de ce qu'ils doivent faire.	☐	☐
Gina essaie d'appeler ses parents parce qu'elle veut les consoler.	☐	☐
Toutes les chaînes montrent la scène de son enlèvement, mais on ne voit pas le kidnappeur.	☐	☐
Gina pleure beaucoup et se sent très seule, elle a beaucoup de remords à cause de ses parents.	☐	☐

2. Loud appelle les parents de Gina en déguisant sa voix. Qu'est-ce que la police et les parents de Gina pensent de l'appel?

3. Gina écrit une lettre à ses parents. D'après vous, comment vont-ils réagir?

26 – 29 mai

1. Que fait Gina pendant qu'elle reste seule au théâtre?

2. Imaginez la situation suivante: Vous êtes seuls dans une maison sans avoir la possibilité de contacter votre famille ou vos amis. Quels pourraient-être vos sentiments? Que feriez-vous?

3. Qu'est-ce que Gina réalise en réfléchissant à sa situation?

4. Lisez les phrases suivantes. Trouvez les personnes à qui elles correspondent.

    1. Que fait Gina en ce moment? J'aimerais bien rester au théâtre avec elle.
    2. Taux d'écoute: 100 %. Le kidnapping, c'est la meilleure publicité!
    3. Quelle aventure! À un moment, je panique et à un autre, je suis heureuse. J'ai retrouvé Loud.
    4. Nous avons peur de ne plus jamais revoir notre fille. On n'aurait jamais dû accepter qu'elle participe à cette émission.
    5. Il faut que je reste cool. Personne ne doit deviner que j'ai aidé Gina et Loud.

30 mai

1. Pourquoi Steph dit-il qu'il a enlevé Gina?
   - ☐ Parce que c'est vrai.
   - ☐ Pour attirer l'attention sur lui.
   - ☐ Pour que Gina lui revienne.

2. Quelle est la réaction de Socio-life à la fausse confession de Steph? Plusieurs réponses sont possibles.
   - ☐ Socio-life a accusé Steph parce qu'il l'empêche de passer l'émission.
   - ☐ Socio-life a déménagé chez lui.
   - ☐ Socio-life l'a invité à venir à un débat à la télé.
   - ☐ Socio-life espère qu'il va la mener vers Gina.

3. Imaginez ce que Steph a dit à la télé ou écrivez une interview avec lui.

4. Dans un forum, on discute de la révélation de Steph. Quel serait votre commentaire?

5. Comment Gina peut-elle enfin joindre ses parents et les rassurer?

6. Quel est le nouveau problème pour Gina et Loud?

7. Pourquoi est-ce que Gina peut habiter chez Loud?

8. Qu'est-ce que Gina, Loud et Caramelle veulent faire le lendemain soir?

31 mai

1. Pourquoi Socio-life a-t-il enlevé les caméras de la maison de Gina?
   - ☐ Parce que l'émission est finie.
   - ☐ Pour les placer chez quelqu'un d'autre.
   - ☐ Parce que la police l'a demandé

2. Les parents, ont-ils des ennuis avec Socio-life?

3. a) Notez les différentes réactions des parents de Gina.
   b) Prenez les rôles de Gina, ses parents, Loud et Caramelle. Jouez la scène des «retrouvailles».

4. Comment se termine cette histoire pour Gina? Plusieurs réponses sont possibles.
   - ☐ Elle retourne vivre chez ses parents.
   - ☐ Elle retourne à l'école.
   - ☐ Elle doit rester déguisée en garçon.
   - ☐ Elle va vivre chez Caramelle.
   - ☐ Elle prend un appartement avec Loud.

5. Gina veut rester déguisée en garçon. Pourquoi?

Sur l'ensemble du texte

1. a) Divisez le texte en paragraphes et donnez-leur des titres.
   b) Quels sont les moments décisifs de chaque paragraphe?
   c) Quels sentiments vont avec les différentes situations?

2. Faites un portrait détaillé de Gina.

3. a) À quel moment est-ce que Gina comprend qu'elle a fait une erreur?
   - ☐ Lorsque Loud la laisse tomber.
   - ☐ Lorsque les parents des autres élèves manifestent contre son attitude.
   - ☐ Lorsque Caramelle la laisse tomber.

   b) Notez des expressions qui expriment les sentiments de Gina avant et après ce moment décisif.
   c) Expliquez pourquoi Gina dit à la fin: «... pas question que je remette les pieds à la maison tant qu'il y aura la moindre caméra! Contre ça aussi – contre ça *surtout* – je suis vaccinée!» (p. 109, l. 6)

4. a) Lisez les passages donnés et analysez le comportement de la famille de Gina.
   1. 17 avril: les parents de Gina
   2. 9 mai: tante Nicole et oncle Bernard
   3. 12 mai: grand-mère

   b) Commentez le comportement de la famille de Gina.

5. Caramelle et Loud changent d'opinion lors de l'émission. Choisissez un des personnages et dégagez les aspects expliquant leur réaction et leur comportement.

6. Lisez p. 10, l. 10 – 30, p. 13, p. 33, l. 2 – p. 37, l. 11, p. 42, l. 8 – 23, p. 46, l. 23 – p. 47, l. 19, p. 61, p. 85 – 86, p. 98 – 99. Comparez le comportement et les différents points de vue de Steph et de Loud.

7. Faites un schéma pour montrer les relations entre Gina, sa famille, ses amis et les autres personnes qu'elle rencontre.

8. Lisez p. 7, l. 28 – p. 9, l. 15, p. 11, p. 19, l. 18 – p. 20, l. 2, p. 25, l. 29 – p. 26, l. 15, p. 63, l. 12 – p. 66, l. 21, p. 73, p. 91, p. 108. Examinez de plus près la démarche de Socio-life et le comportement de M. Combourg pour analyser les mécanismes de la télé.

9. Lisez p. 38, p. 41, p. 47, l. 25 – p. 48, p. 49, p. 50, p. 59, l. 18 – p. 60, l. 5, p. 75 – 76, p. 108 – 109. Que pensez-vous des réactions des téléspectateurs et des différents points de vue exprimés par la presse. Discutez-en.

Pour aller plus loin

1. Gina est revenue au lycée, déguisée en Paul. Imaginez et décrivez sa première journée.

2. Maintenant, Steph est la vedette de «Regardez-moi». S'il tenait aussi un journal, qu'est-ce qu'il écrirait? Rédigez-le à sa place.

3. En août, l'émission «Regardez-moi» est finie. Imaginez la situation de Steph, Gina, ses parents et ses amis après la fin de l'émission.

4. a) Regardez et décrivez la B.D.

Extrait issu du site www.jedessine.com

b) Que pensez-vous de l'expression «télé-réalité»? Discutez-en en classe.

5. a) Qu'est-ce que vous attendez d'une chaîne de télé?
   b) Voici un extrait des propos de Patrick Le Lay. Comparez son opinion avec vos attentes et discutez-en en classe.

Patrick Le Lay était Président-directeur général de la chaîne TF1. Dans «Les Dirigeants face au changement»[1], il a dit:
«Il y a beaucoup de façons de parler de la télévision. Mais dans une perspective «business», soyons réaliste: à la base, le métier de TF1, c'est d'aider Coca-Cola, par exemple, à vendre son produit. Or pour qu'un message publicitaire soit perçu, il faut que le cerveau du téléspectateur soit disponible. Nos émissions ont pour vocation de le rendre disponible: c'est-à-dire de le divertir, de le détendre pour le préparer entre deux messages. Ce que nous vendons à Coca-Cola, c'est du temps de cerveau humain disponible.»

[1] Éditions du huitième jour, mai 2004.

Le journal de lecture

Dans le journal de lecture, vous pouvez écrire les premières impressions que le texte vous inspire, vos pensées et vos sentiments, votre opinion, les questions que vous vous posez.
Il vous permettra d'accompagner le roman et son personnage principal d'une manière plus personnelle. En notant des passages du texte, vous pourrez mieux vous souvenir des détails de l'action.
Vous pouvez être créatif et y joindre des images, des dessins ou des photos ou bien vos propres textes, en français bien sûr.
Le journal de lecture ne fera pas objet de votre évaluation. Vous ne l'utiliserez pendant le cours que s'il vous semble utile.

1. Notez d'abord les détails obligatoires.

Titre:	______________________
Auteur:	______________________
Date de parution:	______________________

2. Avant de commencer la lecture, vous pouvez diviser votre journal en chapitres et leur donner des titres. Voici un exemple de table des matières:

   1. Le sujet du roman
      En lisant le titre, je …

      D'après toi, quel est le sujet du texte?

   2. Quelles questions est-ce que tu as?

   3. La protagoniste

4. Les autres personnages

5. Mes premières réactions en lisant le texte,
   … mes pensées
   … mes sentiments

6. Qu'est-ce que tu aimes?
   Qu'est-ce que tu n'aimes pas?

7. Des phrases que je trouve importantes

8. La structure du texte

9. Ce qui me rend heureux / triste / content / agressif …

10. Ce que je changerais …

11. À l'intention de l'auteur
    J'aimerais dire à Gudule …
    J'ai des questions …

12. Imagine la suite de l'histoire.

Mener un débat

Avant de commencer,
- chacun/chacune prépare les arguments pour exprimer son opinion.
- il vaut bien réfléchir à la façon dont vous pouvez réfuter la position des autres.

Pendant le débat,
- vous pouvez parler à tour de rôle.
- suivez bien les arguments des autres. Posez des questions si vous n'avez pas bien compris un autre point de vue.
- laissez parler les autres et ne les interrompez pas.
- comportez-vous de façon correcte et acceptez si la position des autres est exposée de manière plus convaincante.

On dit …

… pour donner son opinion
Je pense/crois/trouve que …
D'après moi/Selon moi/Quant à moi …
À mon avis/Je suis d'avis que …
En ce qui me concerne …

… pour souligner une idée
J'aimerais souligner ce point-là …
J'aimerais faire remarquer que /signaler le fait que …
J'aimerais insister sur un point particulier …
Ce que je voulais dire, c'est que …
Pour être tout à fait clair, …
Il faut absolument tenir compte du fait que …

… pour exprimer son accord
C'est vrai/exact/juste/parfait.

Je suis (entièrement) d'accord/ avec toi/avec ce que tu dis.

… pour exprimer son désaccord
Surtout pas./Absolument pas./ Pas du tout.

Je ne suis pas (du tout) d'accord avec …

Je suis de ton avis.	Je ne suis pas de ton avis.
Je partage ton opinion sur ce point.	Je ne pense pas que … + *subjonctif*
Tu as raison de dire que …	Je n'accepte pas que … + *subjonctif*
C'est ça./Exactement./Justement.	Je suis (absolument) contre …

… pour exprimer des restrictions
J'aimerais faire une remarque sur ce que tu as dit / vous avez dit …
Ce n'est pas exactement ça, mais …
Ce serait bien, mais …
Pas mal, mais …
Pas vraiment, parce que …
C'est possible, mais …
C'est bien, mais je ne suis pas tout à fait d'accord avec …
C'est bien, mais je ne partage pas tout à fait/complètement ton/votre avis/ton/votre opinion.

… pour demander de préciser ou de répéter qc
Tu peux répéter/préciser/expliquer …?
Que veux-tu dire par là?
Je ne vois pas ce que tu veux dire.

… pour reprendre la parole quand on est interrompu
Je n'ai pas fini./Un instant./Attends.
Laisse-moi parler.
Laisse-moi terminer ma phrase.

… pour conclure
Pour conclure/terminer/résumer, on peut dire que…
La conclusion que l'on peut tirer de ce débat est que…

… pour lancer le débat
Je donne la parole à … (qui va nous parler de…)
C'est à toi maintenant!
N'interrompez pas, svp., vous aurez la parole dans un instant.
Qu'en pensez-vous?
Est-ce que vous êtes d'accord, avec … quand … affirme que …?

Documents supplémentaires

Télé-réalité?

Extrait de l'éditorial de Marc Jézégabel[1] qui se réfère au discours de Patrick Le Lay (v. p. 131):

La chaîne [= TF1] a effectivement changé d'époque et de registre. Pas en 1987, année de la privatisation. Elle se payait alors encore le luxe de jouer habilement avec ses obligations de «mieux-disant culturel». Non, le décrochage est plus récent. Il date de 2001, avec la diffusion de Loft Story sur M6. L'engouement suscité par cette première apparition de la télé-réalité dans notre pays a propulsé la 6 dans la cour des grands de l'Audimat. Depuis, la concurrence entre ces deux enseignes commerciales est devenue frontale. Désormais, tous les coups sont permis. Et la spirale régressive est en marche. L'irruption de la télé-réalité a dessiné une nouvelle ligne de démarcation entre le service public, qui n'en diffuse pas, et ses rivales privées, soulignant le rôle de rempart et l'importance plus que jamais décisive d'un audiovisuel public fort. À chacun de se tenir ou non concerné par des programmes qui tirent la qualité vers le bas. Mais personne ne peut s'arroger le droit d'y ajouter le mépris. Ou de se considérer en situation de manipuler, fût-ce par écran interposé, le cerveau humain.

[1] Dans Télérama, 8 septembre 2004, n° 2852, p. 8.

[7] **habilement** geschickt **l'obligation** *f* Verpflichtung **mieux-disant** élite [8] **le décrochage** Ablösung, Rückzug **la diffusion** Ausstrahlung [9] **l'engouement** *m* enthousiasme **susciter** hervorrufen [10] **propulser** faire avancer d'un coup [11] **l'enseigne** *f* Aushängeschild [13] **régressif,ve** rückläufig **l'irruption** *f* plötzliches Auftauchen [14] **la ligne de démarcation** Grenzlinie [16] **le rempart** (Schutz)wall [17] **concerner** betreffen [18] **s'arroger le droit** sich anmaßen etw zu tun [20] **fût-ce** sei es **interposer** dazwischen setzen/stellen

Thomas Valentin, directeur des programmes de M6, sur le plateau d'Arrêt sur images, émission hebdomadaire sur France 5:

«En choisissant de faire ce jeu [=*Loft story*], y avait trente-huit mille candidats au départ, y en a onze à l'arrivée, eh bien c'est une forme d'accession à quelque chose de nouveau. Il y les grandes écoles, il y a l'Université, et puis il y a aussi d'autres choses qui permettent aujourd'hui, avec la télévision, d'arriver à quelque chose. Eh bien pourquoi pas?»

À ce propos un extrait de Daniel Schneidermann, *Le Cauchemar médiatique*[1]*:*

Grandes écoles, Université et *Loft!* Non, il ne s'agit pas de chercher l'erreur, mais de trouver le point commun. Crise du savoir, crise de l'école, crise de l'effort: aussi énorme que cela puisse paraître, on a bien entendu. Un des patrons de la chaîne qui diffuse l'émission affecte de voir dans le *Loft* un système alternatif de promotion sociale et d'accession à la réussite. Rien de moins qu'une alternative au système scolaire.

[1] Denoël, 2003, p. 217.

[5] **l'accession à qc** *f* Erlangen, Erwerben einer Sache [13] **diffuser** *v. la diffusion* **affecter** faire croire [14] **la promotion sociale** sozialer Aufstieg

Extrait d'un article de Marc Belpois «Fantaisie militaire»[1]

Introduction: Le pensionnat de Chavagnes est une émission qui propose le cadre d'un pensionnat à l'ancienne, un collège des années 1950, où participent des jeunes entre 14 à 16 ans. Le but des candidats est d'obtenir le certificat d'études.

Y a-t-il des leçons à tirer de cette expérience *in vitro*, de ce saut au cœur de ces drôles d'années 1950? Aucune, car, contrairement à ce que nous serine la voix off, les candidats ne sont pas motivés par le prétendu but du jeu: l'obtention de leur certificat d'études. Ils ne sont là que pour une chose, passer à la télé. «Les gamins connaissaient pertinemment la loi du genre: plus tu fais le con, plus tu as de chances d'apparaître au montage. Et ils ne se sont pas privés. Parce que bien entendu, ce ne sont pas les profs qui détenaient l'autorité, mais la production...», admet sous couvert d'anonymat une personne présente lors du tournage. En définitive, *Le Pensionnat* montre des ados qui se dépatouillent comme ils peuvent avec, d'un côté, le souci de maîtriser l'image qu'ils vont donner d'eux-mêmes à l'écran, de l'autre, un jeu qui les oblige à choisir entre résistance et soumission. Cancre ou bon élève, choisis ton camp!

À M6, on est si fier du *Pensionnat* qu'on lui a inventé un terme générique: le «docu-réalité»! Ce néologisme ridiculement abscons voudrait nous convaincre qu'en introduisant quelques pseudo-éléments documentaires dans le bocal, on obtient autre chose qu'une

[1] Dans Télérama, 22 septembre 2004, n° 2854, p. 95.

[3] **le cadre** Rahmen [5] **le certificat d'études** De son vrai nom «certificat de fin d'études primaires», diplôme que seuls les meilleurs élèves étaient autorisés à passer. Il ouvrait la porte des études secondaires (collège et lycée) à une époque où la plupart des enfants arrêtaient leur scolarité très tôt. [6] **in vitro** en laboratoire [8] **seriner** *fam* répéter **prétendu** angeblich [9] **l'obtention** *f ici:* Bestehen [10] **pertinemment** exactement, très bien [12] **se priver de** sich zurückhalten [13] **détenir** avoir [14] **sous couvert d'anonymat** sans dire son vrai nom [15] **le tournage** Dreharbeiten [16] **se dépatouiller** *fam* zurechtkommen [18] **la soumission** Fügsamkeit **le cancre** *fam* mauvais élève [20] **le terme générique** mot pour désigner une certaine sorte d'émission *(Gattungsbegriff)* [21] **le néologisme** mot nouvellement créé **abscons** difficile à comprendre [23] **le bocal** Glas

variante d'un jeu de télé-réalité. «On ouvre une voie nouvelle», s'exalte François de Brugada. Le directeur délégué à la télé-réalité et au divertissement se félicite du caractère «familial»de cette émission, propre à rassembler un public nettement plus large que d'autres déclinaisons de télé-réalité comme *Opération séduction* ou *Les Colocataires.* De fait, tout en raflant la mise auprès des ados (70,3 % des 11-14 ans devant leur poste ont regardé l'épisode inaugural), *Le Pensionnat* a élargi l'audience traditionnelle de ce type d'émission sur M6. 6,2 millions de Français ont regardé le premier volet – meilleur Audimat de la chaîne depuis mai 2003 – et 5,2 le second. Avec pareil succès d'audience, il est à craindre qu'à TF1 ce néologisme soit déjà sur toutes les lèvres ...

[2] **le divertissement** Unterhaltung [3] **se féliciter** sich beglückwünschen **propre à** capable de [4] **nettement** beaucoup **la déclinaison** *fig ici:* variante, forme [6] **rafler la mise** *fam* gagner [7] **inaugural** du début [8] **l'audience** *f* Einschaltquote [9] **le volet** *ici:* partie [11] **être sur toutes les lèvres** *loc* in aller Munde sein

Philippe Barthérotte, La Tentation d'une île. Derrière les caméras de la téléréalité[1], p. 45 – 46

Introduction: Philippe Bartherotte a été journaliste de télé-réalité de 2001 à 2008. Dans son livre, il révèle les méthodes de production des émissions comme L'Île de la Tentation, Star Academy ou Pékin Express. Dans l'émission L'Île de la Tentation, quatre couples non mariés et sans enfant doivent tester leur amour face à la tentation de beaux célibataires, les tentateurs/tentatrices, pendant un séjour de douze jours. Des rendez-vous romantiques avec les célibataires ont lieu tous les jours. Chacun découvre ensuite une sélection de séquences concernant le séjour de son partenaire lors du «feu de camp». Au bout du séjour chaque couple doit décider s'il reste uni ou non après la fin de l'émission.

Je ne sais pas si vous êtes déjà parti en vacances dans des pays tropicaux, mais en principe, lorsque vous commencez là-bas une journée à 7 heures du mat, vous êtes cuit avant la tombée de la nuit. Or, la journée moyenne de nos candidats dure seize heures (les nôtres, huit). Nous nous relayons vingt-quatre heures sur vingt-quatre pour suivre leur histoire, qui avance en accéléré. Un emploi du temps très rythmé a été mis au point pour qu'en douze jours, il se passe ce qui ne se serait peut-être pas passé en toute une vie. C'est ce qu'on appelle «la mécanique de L'Île de la Tentation». C'est cela que les chaînes payent très cher quand elles achètent un format. Un «format», c'est une recette qui a déjà été expérimentée et qui fonctionne à coup sûr. En l'occurrence, celle de L'Île de la Tentation a été mise au point par Rocket Science Laboratories, une boîte américaine au nom explicite. Vous

[1] Éditions Jacob-Duvernet, Paris 2008.

4 **révéler** enthüllen 5 **la tentation** Verführung 6 **le couple** Paar 8 **le/la célibataire** qn qui n'est pas marié **le tentateur/la tentatrice** Verführer/in 10 **avoir lieu** se passer **la sélection** Auswahl 11 **concernant** betreffend **lors de** au moment de 16 **le mat** *fam abr* matin **être cuit,e** *fam* am Ende sein 18 **se relayer** sich abwechseln 19 **en accéléré** im Zeitraffer *contr* ralenti 20 **mettre au point** préparer 24 **en l'occurrence** dans le cas présent 26 **la boîte** *fam* entreprise **explicite** précis, clair

pouvez imaginer qu'une cohorte de psychologues sociaux et experts en techniques de manipulation mentale a travaillé à l'élaboration dudit format.

«On parle de manipulation mentale lorsqu'un individu ou un groupe d'individus exerce une tentative de contrôle de l'esprit et du comportement d'une personne ou d'un groupe, en usant de techniques dites de persuasion ou de suggestion mentales», disent les manuels de psychologie. C'est exactement ce qui se passe sur L'Île de la Tentation. Privation de sommeil, beaucoup de soleil, alcool, sensations fortes, deux heures d'interrogatoire chaque jour, chocs psychologiques réguliers – et naturellement, nos tentatrices qui nous obéissent au doigt et à l'œil ... Ce dispositif constitue en termes scientifiques autant de leviers psychologiques nous permettant d'avoir une emprise plus ou moins grande sur le cerveau de nos victimes. Les candidats ont bien sûr l'impression d'agir de leur plein gré, c'est le principe même de la manipulation. Alors qu'en fait, ils finissent par répéter ce qu'on leur a mis dans la tête. Voilà pourquoi nous n'avons pas besoin de truquer L'Île de la Tentation. Pas besoin de faux couples, qui joueraient d'ailleurs probablement très mal. Ni de scénarios qui seraient bien au-dessous de ceux que nous font vivre spontanément (et gratuitement) nos champions.

[1] **la cohorte** *fam* groupe [2] **dudit** *de + ledit* ce dont on vient de parler [5] **exercer** ausüben **la tentative** Versuch [6] **user** utiliser, employer [7] **la persuasion** Überzeugung **la suggestion** *ici:* Beeinflussung [9] **la privation** manque **la sensation** émotion [12] **au doigt et à l'œil** exactement **le dispositif** mécanisme **constituer** former, représenter, consister (en) [13] **le levier** Hebel **l'emprise** *f* influence [14] **le/la victime** Opfer [15] **de plein gré** aus freien Stücken

Patrick Bauwen, L'Œil de Caine[1], p. 22 – 23

Introduction: L'Œil de Caine est le nom d'une émission de télé-réalité qui rassemble dix candidats qui ont chacun un secret. Dans ce passage, il s'agit d'une conversation entre la productrice de l'émission, Hazel Caine et un des candidats, Thomas Lincoln.

Qu'est-ce que vous croyez? dit Hazel. Que je vous ai choisi pour participer à un concours de chansons de variété? [...] Dix personnes ordinaires de toutes les tranches d'âge, de tous les milieux. Des gens comme vous et moi. À une exception près: chacun possède un secret. Une chose dont il n'est pas fier et qu'il ne souhaite pas qu'on révèle. Regroupez ces gens entre eux. Voyez comment ils gèrent la situation... (Elle s'arrêta pour le dévisager.) Chacun des dix candidats possède un secret, oui, mais c'est notre lot à tous. Ça pourrait être l'histoire de votre voisin, de votre femme. Chaque jour que Dieu fait, nous sommes obligés de vivre avec nos erreurs. Lorsqu'on les expose en pleine lumière, il faut affronter le regard des autres. *Ça,* c'est *L'Œil de Caine.* Révélez votre secret. Ouvrez votre âme. Affrontez votre démon et racontez-nous l'histoire. Voilà ce que j'attends! (Elle écarta les bras.) Ce que je veux n'est pas de la télé-réalité. C'est la réalité tout court.

Thomas récupéra sa veste, en sortit un paquet de tabac à rouler, puis tâta les poches intérieures à la recherche de ses allumettes.

– Sauf que la chaîne maîtrise tout, dit-il. Seule ShowCaine connaît nos antécédents. Ni les téléspectateurs, ni les autres candidats ne savent à quoi s'en tenir.

[1] Éditions Albin Michel, Paris 2007.

9 **la tranche d'âge** Altersstufe 11 **révéler** enthüllen, verraten 12 **gérer** in den Griff bekommen 14 **le lot** Los, Schicksal 16 **être obligé,e de faire qc** devoir faire qc 18 **affronter** faire face à 20 **tout court** sans rien d'autre 22 **récupérer** *fam* reprendre 23 **tâter** toucher pour trouver 24 **maîtriser** dominer, contrôler 25 **l'antécédent** *m ici:* Vorleben

– C'est tout l'intérêt.

Sa veste était vide. Il fouilla les poches de son jean.

– Je ne vois pas où est la sincérité là-dedans. De quelle réalité parlez-vous? La vôtre? Vous vérifiez que je ne lâche rien aux journalistes pour que mon histoire fasse grimper l'Audimat?

– Je l'espère bien.

[2] **fouiller** chercher [3] **la sincérité** Ehrlichkeit, Aufrichtigkeit [4] **lâcher** *ici:* dire
[5] **grimper** monter

Serge Joncour, L'Idole[1], p. 86 – 92

Introduction: Un homme se réveille un matin et découvre qu'il est célèbre sans savoir pourquoi.

Dans un récit à la première personne, nous suivons Georges Frangin, qui n'est ni chanteur ni acteur et pourtant on lui demande des autographes, dans la rue les gens l'observent et le montrent du doigt.

Extraits du chapitre «Enfin je tenais un responsable»

[...]

Je rejoignis le président à l'arrière de sa Mercedes élargie, spacieuse, comme un bureau. Il était là, alerte et confortablement disposé, finissant une conversation sur son portable tout en demandant au chauffeur de sortir les sushis du frigo à l'avant, de sorte que je ne savais plus trop à qui il parlait.

– Alors, vous avez cherché à me joindre?

– Écoutez monsieur Raphaël, Raphaël comment déjà ...

– Appelez-moi Raphaël.

– Monsieur Raphaël, vous vous imaginez bien que j'étais le premier surpris de me voir à la télé, surtout au sujet de mes confessions, alors que moi-même je ne comprends rien à ce qui m'arrive ... J'ai peur que ce ne soit pas très correct de votre part, pas très réglo, vous auriez au moins pu m'en parler, voire me demander la permission...

– Oh non, mon cher Frangin, vous n'allez pas vous y mettre vous aussi, en ce moment on n'a que ça, des vedettes à problèmes, des rois de l'emmerdement, entre le détenu de longue peine qui récidive le jour de la parution de son repentir, le sportif qui se met à foirer toutes ses compétitions et le mannequin de vingt ans qu'est même pas foutu de

[1] Éditions Flammarion, Paris 2004.

7 **le responsable** Verantwortliche 9 **rejoignis** *passé simple du verbe rejoindre* retrouver **élargi,e** plus large **spacieuse** geräumig 10 **alerte** avec beaucoup d'élan **disposé** placé 12 **le frigo** *fam abr* frigidaire 14 **joindre** contacter 18 **la confession** Geständnis 20 **réglo** *fam* correct, légal 21 **voire** *adv* et même 24 **l'emmerdement** *m fam* Schererei **le détenu** prisonnier **récidiver** rückfällig werden 25 **le repentir** regret, remords **foirer** *fam* rater 26 **ne pas être foutu de faire qc** ne pas réussir à faire qc

se souvenir de sa biographie, croyez-moi ces derniers temps on n'en sort plus, alors de grâce, épargnez-moi les états d'âme ... [...]

– Mais quel besoin de faire un livre?

– Voyons, de nos jours le livre c'est la relique, les gens l'achètent pour s'approprier un fragment de la star, comme ils le feraient d'un vieux mouchoir ou d'un mégot. Le problème c'est qu'aujourd'hui les mouchoirs sont en papier et que les vedettes ne fument plus. D'où la nécessité du livre.

À bord de sa limousine, on était aussi peu secoué que si on n'avançait pas. Chaque rue, chaque carrefour gagnait une sorte de velouté, je goûtais là un des prodiges de l'élite, ne pas souffrir des transports. De nuancer toute épreuve par le confort.

– Monsieur Raphaël, n'allez pas croire que je cherche à vous mettre des bâtons dans les roues, mais tout de même, j'aimerais y jeter un œil sur ce bouquin, mes confessions, j'aimerais au moins savoir de quoi ça parle ...

– Voyons, malheureux, mais il n'est pas écrit ...

– Dans ces conditions, évidemment.

[...]

– Ah oui, tout de même, je ne voudrais pas vous embêter, monsieur Raphaël, mais dites-moi, ces confessions, quand vous les aurez, vous pourriez m'en envoyer un exemplaire, que je les lise au moins?

– Il n'est pas dit qu'ils les rédigent ...

– Ah bon, mais je pensais qu'on commençait par ça ...

– Allons Frangin, sortez des vieux schémas ... Croyez-moi, le plus sage c'est de se mettre à écrire le livre quand on est sûr qu'il va marcher, pas avant, et là franchement c'est trop tôt. Ce serait trop bête de concevoir

2 **de grâce** je vous en supplie, s'il-vous-plaît **les états** *(m)* **d'âme** Stimmungen 4 **la relique** objet auquel on tient 5 **s'approprier** prendre, obtenir 6 **le mégot** *fam* bout de cigarette 10 **le velouté** douceur *contr* dureté 11 **le prodige** Wunder 12 **nuancer** modifier, changer 13 **mettre des bâtons dans les roues** *loc* Knüppel zwischen die Beine werfen 27 **franchement** *ici:* mal ehrlich **concevoir** réaliser, écrire

le bouquin en entier, avec le risque qu'en fin de compte il ne se vende pas, le schéma ne serait pas cohérent… Faites-moi confiance mon vieux, l'essentiel dans un premier temps c'est de passer à la télé, avec la couverture en fac-similé et l'auteur qui va avec, le contenu est une question secondaire…

– Et pour le titre?

– Votre nom suffira, en caractères gras, au moins comme ça tout le monde saura de qui on parle. On vous façonnera un exemplaire factice, ne vous inquiétez pas, histoire de ne pas arriver à l'émission les mains vides.

[…]

– Mais dites-moi, monsieur Raphaël, est-ce qu'à un moment ou à un autre il sera question de contrat entre nous?

– Hou là, malheureux, tout dépendra du choix de notre partenaire, si c'est une marque automobile ou des yaourts; au fait vous préférez quoi dans la vie, les voitures ou les yaourts?

La célébrité confronte à des questions dont je n'aurais jamais soupçonné que j'eusse un jour à me les poser.

[…]

– Mais dites, monsieur Raphaël, et vous, vous le savez pourquoi je suis devenu célèbre?

– L'essentiel n'est pas de savoir pourquoi on le devient, mais ce qu'il faut faire pour le rester.

– D'accord, mais entre nous, vous le savez?

– Encore heureux Frangin, encore heureux … Bon allez, ne vous tracassez pas avec ces histoires, on en reparlera, pour l'instant concentrez-vous sur votre émission, ne vous préoccupez pas du reste parce qu'il faut que vous soyez bon Frangin, je ne dis pas ça pour vous coller la pression, mais une émission c'est plus ou moins une épreuve, un examen de passage … Sur ce j'ai mon avion à moins dix, je vous laisse là, ça ne vous ennuie pas … Vous trouverez un taxi n'est-ce pas …

2 **cohérent** stimmig 4 **le fac-similé** reproduction 7 **en caractères gras** fett gedruckt 8 **façonner** préparer **factice** faux 9 **histoire de faire qc** *fam* einfach nur, um etw zu tun 17 **soupçonner** deviner, *ici:* penser 18 **j'eusse** *subjonctif passé du verbe avoir* 22 **l'essentiel** *m* Hauptsache 26 **se tracasser** s'inquiéter 27 **se préoccuper** sich Sorgen machen 28 **coller la pression** *fam* unter Druck setzen

La limousine noire me déposa sur la bande d'arrêt d'urgence , dans une zone que je ne reconnus pas tout de suite, du moins je ne voyais pas s'il s'agissait de l'échangeur de la porte de la Chapelle ou de celui de la porte de Bagnolet. Je me retrouvai en plein cœur d'un imbroglio de périphériques et de bretelles d'autoroutes sans le moindre trottoir. La délicatesse tout de même, c'était de m'avoir déposé sur le côté droit. Évidemment, une nouvelle fois on me klaxonnait de partout, je ne saurais dire si c'était parce qu'ils m'avaient reconnu ou simplement pour m'engueuler. Je n'aurais jamais vu autant de voitures passer en tous sens et aussi près. Seule certitude, à des centaines de mètres à la ronde, j'étais le seul piéton. [...]

[1] **la bande d'arrêt d'urgence** Standstreifen [3] **l'échangeur** *m* Autobahnkreuz [4] **l'imbroglio** *m* Durcheinander [5] **le périphérique** Autobahnring **la bretelle d'autoroute** Autobahnauf- oder abfahrt [6] **la délicatesse** Feinheit, Feingefühl **déposer qn** jdn absetzen [9] **engueuler** *fam* anschnauzen

Amélie Nothomb, Acide sulfurique[1], p. 117 – 123

Introduction: Dans ce roman de science-fiction, une émission de téléréalité qui porte le nom «Concentration» est lancée. Le cadre de l'émission est un camp de concentration où on filme des prisonniers choisis au hasard dans la rue. Leurs conditions de vie sont épouvantables: ils souffrent de faim, ils sont insultés et battus par des surveillants, appelés «kapos». Chaque jour, deux prisonniers sont choisis et tués sous le regard de la caméra. Pendant que les médias s'opposent à l'horreur de l'émission, celle-ci incite de plus en plus de gens à la regarder.

Les prisonniers étaient les seuls êtres humains à ne jamais avoir vu ne fût-ce qu'une seconde de «Concentration». C'était leur unique privilège.

– Je me demande quelles séquences intéressent le plus le public, dit MDA 802 pendant le dîner.

– Je suis sûr que ce sont les passages de mise à mort, dit un homme.

– C'est à craindre, enchaîna Pannonique.

– Les violences aussi, dit une femme. La schlague, les hurlements, ça doit les défouler.

– Certainement, dit MDA 802. Et les séquences «émotion»: là, ils doivent se pourlécher.

– Selon vous, demanda EPJ 327, qui sont les plus coupables?

– Les kapos, répondit l'homme.

– Non: les organisateurs, intervint quelqu'un qui ne parlait jamais.

– Les hommes politiques qui n'interdisent pas une telle monstruosité, dit MDA 802.

– Et vous, Pannonique, qu'en pensez-vous? interrogea EPJ 327.

Il y eut un silence, comme chaque fois que l'attention se dirigeait vers la jeune fille.

[1] Éditions Albin Michel, Paris 2005.

[1] **l'acide sulfurique** *m* Schwefelsäure [5] **au hasard** *loc adv* nach dem Zufallsprinzip **épouvantable** horrible [9] **inciter** veranlassen [12] **ne fût-ce que** auch nur eine [17] **enchaîner** continuer, ajouter [18] **la schlague** bâton qui sert à battre les prisonniers [19] **défouler** *fam* sich abreagieren können [21] **se pourlécher** *fig* se réjouir [25] **la monstruosité** Abscheulichkeit, Ungeheuerlichkeit

– Je pense que les plus coupables sont les spectateurs, répondit-elle.

– N'êtes-vous pas un peu injuste? demanda l'homme. Les gens rentrent de leur journée de travail, ils sont épuisés, mornes, vides.

– Il y a d'autres chaînes, dit Pannonique.

– Vous savez bien que le programme télévisé est souvent l'unique conversation des gens. C'est pour ça que tout le monde regarde les mêmes choses: pour ne pas être largué et avoir quelque chose à partager.

– Eh bien, qu'ils regardent tous autre chose, dit la jeune fille.

– C'est ce qu'il faudrait, bien sûr.

– Vous en parlez comme d'un idéal utopique, reprit Pannonique. Il ne s'agit que de changer de chaîne de télévision, ce n'est quand même pas très difficile.

– Je ne suis pas d'accord, déclara MDA 802. Le public a tort, c'est sûr. De là à dire que c'est lui le plus coupable! Sa nullité est passive. Les organisateurs et les politiques sont mille fois plus criminels.

– Leur scélératesse est autorisée et donc créée par les spectateurs, dit Pannonique. Les politiques sont l'émanation du public. Quant aux organisateurs, ce sont des requins qui se contentent de se glisser là où il y a des failles, c'est-à-dire là où il existe un marché qui leur rapporte. Les spectateurs sont coupables de former un marché qui leur rapporte.

– Ne pensez-vous pas que ce sont les organisateurs qui créent le marché, comme un publicitaire crée un besoin?

– Non. L'ultime responsabilité revient à celui qui accepte de voir un spectacle aussi facile à refuser.

– Et les enfants? dit la femme. Ils rentrent de l'école avant les parents, qui n'ont pas forcément les moyens de leur payer une garde. On ne peut pas contrôler ce qu'ils regardent à la télévision.

– Voyez comment vous êtes, déclara Pannonique, à tromper mille dérogations, mille indulgences, milles excuses et mille circonstances atténuantes là où il faut être simple et ferme. Pendant la dernière

3 **morne** triste 7 **être largué** *fam* ne plus comprendre 13 **avoir tort** Unrecht haben 16 **la scélératesse** *litt* Ruchlosigkeit 17 **l'émanation** *f* produit, expression 18 **le requin** Hai **se contenter** s'arranger pour 19 **la faille** Schwachstelle **rapporter qc à qn** être profitable 22 **le publicitaire** personne qui fait de la publicité 29 **la dérogation** Ausnahme, Sonderfall **l'indulgence** *f* Nachsicht **les circonstances atténuantes** mildernde Umstände 30 **ferme** fest, bestimmt

guerre, ceux qui avaient choisi la résistance savaient que ce serait difficile, voire impossible. Et pourtant ils n'ont pas hésité, ils ne se sont pas perdus en tergiversations: ils ont résisté pour cette unique raison qu'il n'y avait pas moyen de faire autrement. Soit dit en passant, leurs enfants les ont imités. Il ne faut pas prendre les enfants pour des idiots. Un gosse éduqué fermement n'est pas le crétin qu'on tente de nous imposer.

– Vous avez un projet de société, Pannonique? ironisa l'homme.

– Même pas. Je suis du côté de l'orgueil et de l'estime, là où eux n'en ont que pour le mépris. C'est tout.

– Et vous, EPJ 327, qui ne dites rien, qu'en pensez-vous?

– Je constate avec effroi qu'il y a ici une seule personne dont on peut être sûr qu'elle n'aurait jamais regardé «Concentration», et c'est Pannonique. J'en conclus que c'est forcément elle qui a raison, répondit-il.

Il y eut une gêne.

[...]

Le lendemain, à l'inspection matinale, Pannonique eut soudain la conviction d'être filmée: la caméra était braquée sur elle et ne la lâchait pas, elle le sentait, elle en était sûre.

Une partie de son cerveau lui dit que c'était du narcissisme enfantin: quand elle était petite, elle avait souvent cette impression qu'un œil – Dieu? la conscience? – la suivait. Grandir, c'était, entre autres, cesser de croire une chose pareille.

La partie héroïque de son être lui ordonna pourtant d'y croire, au contraire, et d'en profiter très vite. Sans plus attendre, la jeune fille dirigea son visage vers la caméra supposée et clama haut et fort:

– Spectateurs, éteignez vos télévisions! Les pires coupables, c'est vous! Si vous n'accordiez pas une si large audience à cette émission monstrueuse, elle n'existerait plus depuis longtemps! Les vrais kapos, c'est vous! Et quand vous nous regardez mourir, les meurtriers, ce sont vos yeux! Vous êtes notre prison, vous êtes notre supplice!

2 **voire** même 3 **se perdre en tergiversations** sich in Ausflüchten verlieren 4 **soit dit en passant** übrigens 6 **le crétin** *fam* personne stupide 8 **l'orgueil** *m* fierté **l'estime** *f* (Hoch)achtung, Selbstachtung 11 **l'effroi** *m* Entsetzen 13 **conclus** *du verbe conclure* schließen, zum Schluss kommen 17 **avoir la conviction** überzeugt sein **braquer** diriger 19 **le narcissisme** admiration de soi-même 21 **cesser** arrêter 25 **clamer** crier, appeler 27 **accorder** attribuer, donner 29 **le meurtrier** tueur 30 **le supplice** souffrance

Jean-Philippe Toussaint, La télévision[1], p. 93 – 95

Introduction: Un historien passe l'été tout seul à Berlin, loin de sa femme et de son fils pour écrire un essai.

Il décide de ne plus regarder la télévision pour pouvoir se consacrer entièrement à son travail. Mais il a beaucoup de mal à résister à la tentation…

C'est cet après-midi-là, pour la première fois, que j'ai ressenti un manque, la première manifestation de la privation. J'avais arrêté de regarder la télévision la veille à peu près à la même heure après la fin de l'étape du Tour de France, et ce n'est que maintenant, comme j'allais m'asseoir dans le canapé du salon après le coup de téléphone de Delon, que j'avais ressenti un manque, une sorte d'état de douleur impalpable et diffuse, qui vint me tourmenter encore plusieurs fois dans la journée chaque fois que je restais un moment dans le salon en face du téléviseur éteint. Il se manifestait en général par bouffées courtes et violentes, qui m'assaillaient à l'improviste et me laissaient un instant sans réaction, encore que, dans l'instant même où j'en subissais les élancements, je pouvais très bien les supporter. Car l'essence douloureuse du manque ne réside pas dans la souffrance présente – le manque est indolore à l'échelle de l'instant –, mais dans la perspective de la souffrance, dans la richesse de l'avenir qu'on peut lui imaginer. Ce qui est insupportable, alors, dans le manque, c'est la durée, c'est l'horizon vide qu'il laisse ouvert devant soi, c'est de savoir qu'il demeurera aussi loin que l'on puisse imaginer. Quoi que l'on fasse, on est désormais confronté en permanence à un adversaire sur lequel nous n'avons aucune prise, car

[1] Les Éditions de Minuit, Collection Double 19, Paris 2002.

4 **se consacrer à qc** sich einer Sache widmen 8 **la manifestation** symptome **la privation** manque, absence 9 **la veille** jour d'avant 12 **impalpable** qu'on ne peut pas sentir 13 **tourmenter** faire souffrir 15 **éteindre** *contr* allumer **par bouffées** *fig* par intervalles 16 **assailir** attaquer, agresser **à l'improviste** *loc adv* de façon inattendu 17 **subir** supporter, souffrir **l'élancement** *m* douleur brusque, aiguë 19 **résider** *fig* se trouver **indolore** qui ne cause pas de douleur physique *contr* douloureux 20 **l'échelle** *f* niveau 24 **désormais** *adv* à partir de maintenant

le manque, par nature, se dérobe au combat et le diffère à l'infini, nous empêchant à jamais de nous délivrer des tensions que nous accumulons en pure perte pour le vaincre.

Assis dans le canapé du salon devant le téléviseur éteint, je regardais l'écran en face de moi, et je me demandais ce qu'il pouvait y avoir à la télévision maintenant. Une des caractéristiques de la télévision, en effet, quand on ne la regarde pas, est de nous faire croire que quelque chose pourrait se passer si on l'allumait, que quelque chose pourrait arriver de plus fort et de plus inattendu que ce qui nous arrive d'ordinaire dans la vie. Mais cette attente est vaine et perpétuellement déçue évidemment, car il ne se passe jamais rien à la télévision, et le moindre événement de notre vie personnelle nous touche toujours davantage que tous les événements catastrophiques ou heureux dont on peut être témoin à la télévision. Jamais le moindre échange ne s'opère entre notre esprit et les images de la télévision, la moindre projection de nous-mêmes vers le monde qu'elle propose, ce qui fait que, sans le concours de notre cœur, privés de notre sensibilité et de notre réflexion, les images de la télévision ne renvoient jamais à aucun rêve, ni à aucune horreur, à aucun cauchemar, ni à aucun bonheur, ne suscitent aucun élan, ni aucune envolée, et se contentent en favorisant notre somnolence et en flattant nos graisses, à nous tranquilliser.

1 **se dérober** entziehen **différer** verlängern 2 **se délivrer** se libérer **accumuler** amasser, mettre ensemble en grand nombre 10 **vain,e** vergeblich **déçu,e** *part passé du verbe décevoir* enttäuschen 11 **le moindre** *adj superlatif* le plus petit, le moins important 12 **davantage** *adv* plus 14 **s'opérer** se faire, se produire 17 **le concours** aide, participation **privé,e de** sans 19 **susciter** hervorrufen 20 **l'envolée** *f fig* Höhenflug **la somnolence** demi-soleil 21 **flatter** schmeicheln **la graisse** Fett

10 PERSONNES ENFERMÉES SUR UN BATEAU PENDANT 3 MOIS, MAIS C'EST POUR BOSSER
thalassa
Un magazine présenté par Georges Pernoud
LE VENDREDI / 20H45
3
VOUS ÊTES AU BON ENDROIT
france3.fr
francetélévisions

Liste des expressions familières

accro *adj abr de accroché* abhängig
baba *m* l'avoir dans le baba ganz schön alt aussehen
bahut *m* Penne, Schule
baigner tout baigne alles bestens
s'en balancer piepegal sein
baratiner bequatschen, auf jdn einreden
barré,e *adj* être mal barré,e alt aussehen
se barrer abhauen
bataclan *m* Krempel; et tout le bataclan und was sonst noch dazu gehört
bêcheuse *f* hochnäsige Pute
beugler rumbrüllen
bide *m* Bauch, Wampe
bidon *adj inv* être bidon nicht wahr sein
bidouiller être bidouillé,e manipuliert sein
bisquer faire bisquer qn jdn auf die Palme bringen
blaireau *m péj* Spießer
se blinder sich wappnen
bouder schmollen; bouder qn nicht mehr mit jdm reden
bouffe *f* Essen
bouffer essen, futtern
boule *f* avoir les boules genervt sein, Angst haben
bouquin *m* Buch, Schmöker
bouquiner lesen, schmökern
brancher ansprechen, interessieren
cafard *m* ficher/donner le cafard à qn jdn trübsinnig machen
canon *adj inv* super, toll
cantoche *f* Kantine
chambrer aufziehen
chialer heulen
chier faire chier qn jdm auf den Wecker gehen, jdn anöden
chiottes *f pl* Klo
choper sich holen, nehmen
cirer Je n'en ai rien à cirer. Das ist mir völlig egal.
clebs *m* Köter
clope *f* Kippe
coche *m* rater le coche die Gelegenheit verpassen
colle *f* Nachsitzen; filer une colle à qn jdn nachsitzen lassen
coller qn jdn nachsitzen lassen; coller au train de qn jdm folgen
con *m* Blödmann, (Voll)idiot
connerie *f* Quatsch, Blödsinn, Schwachsinn
coup *m* Schlag; coup de bol Glücksfall; filer/donner un coup de main à qn jdm zur Hand gehen; coup de gueule Aufschrei
cracher ne pas cracher sur qn/qc jdn/etw nicht verachten
craindre Ça craint. Das ist nicht in Ordnung. Das ist riskant.

cran *m* avoir du cran Mumm haben
craquer schwach werden
crétin *m* Blödmann, Depp
cul *m* Hintern; rester sur le cul staunen
dare-dare *adv* schnurstracks
débecter anwidern, anekeln
débile *péj* Idiot, Spinner
débouler hereingestolpert kommen
déboussoler aus dem Gleichgewicht bringen
se défouler abreagieren, austoben
se dégonfler Bammel kriegen, kneifen
dégoter aufgabeln, auftreiben
dégueu *adj abr de dégueulasse* ekelhaft, widerlich, verdreckt
délirer spinnen
descendre scharf kritisieren
dingue *adj* être dingue de qn verrückt nach jdm sein
dirlo *m* Direx
discutailler palavern
draguer qn jdn anmachen
s'écraser sich vor jdm klein machen
éberlué,e *adj* perplex
embrouille *f* Wirrwarr, Problem
éméché,e *adj* beschwipst
s'emmerder sich langweilen
empêcher n'empêche (aber) trotzdem
enfoiré *m vulg* Idiot, Arschloch
engueulade *f* Anpfiff
s'engeuler sich mit jdm verkrachen
épaté,e *adj* platt, verblüfft
épater verblüffen
fana *abr de fanatique m/f* Fan, Freak; adj être fana de qc/qn nach jdm/auf etw verrückt sein
ficher *part passé:* fichu bringen; ça m'a fichu un coup das hat mir einen schweren Schlag versetzt; se fiche(r) de qn jdn auf den Arm nehmen
fichu,e *adj* (sau)blöd, verflixt
filer verschwinden, geben
flancher schwach werden, kneifen
flip *m* Panik
flipper verrückt vor Angst sein, ausflippen
fliquer überwachen
foirer schiefgehen
foutre *part. passé foutu;* se foutre de qn/qc auf jdn /etw pfeifen; foutre la paix à quelqu'un jdn in Ruhe lassen
frangin *m* Bruderherz
fric *m* Geld; un fric fou wahnsinnig viel Geld
frime *f* Theater, Angeberei; pour la frime zum Schein
frimer angeben, eine Show abziehen
se fringuer sich anziehen
frousse *f* Angst, Schiss
furax *adj* wütend, stinkig
fusiller erschießen; fusiller qn des yeux jdn mit Blicken töten

gaffe *f* faire gaffe aufpassen
galère *f* Plackerei
gerbe *f* en avoir la gerbe anwidern
glander herumgammeln
gomme *f* mettre (toute) la gomme sich ins Zeug legen
se grouiller schnell machen, sich beeilen
gueule *f* Maul *vulg* Fresse; la gueule enfarinée selbstgefällig; se faire la gueule auf jdn sauer sein
gugusse *m* Komiker, Clown
halluciner J'hallucine! Ich glaube, ich spinne!
jeton *m* avoir les jetons Angst haben
keuf *m arg* Bulle
langue *f* tenir sa langue den Mund halten
louper vermasseln, verpatzen
m'as-tu-vu *m* Angeber
mariner schmoren
se marrer sich (halb) totlachen; faire marrer zum Lachen bringen
mater anstarren, anglotzen
mémère *f (péj)* Oma
merdique beschissen
minable erbärmlich
mine de rien ganz unauffällig
minet *m péj* Lackaffe
morceau *m* lâcher le morceau auspacken
môme *m/f* Göre, Fratz
mousser se faire mousser sich in Szene setzen
nana *f* Tussi
naze *adj* dämlich
nénette *f* Tussi
oignon *m* C'est pas mes oignons! Das ist nicht mein Problem!
ordure *f* Mistkerl
paquet *m* un sacré paquet de ganz schön viel
patate *f* en avoir gros sur la patate großen Kummer haben
patin *m* rouler un patin à qn jdm einen Zungenkuss geben
peinard,e *adj* ruhig
pelle *f* rouler une pelle à qn mit jdm knutschen
pétasse *f vulg péj* Hure
péter péter les plombs durchdrehen
piaule *f* Bude, Zimmer
picoler picheln, bechern
pied *m* C'est le pied! Das ist toll.; prendre un pied d'enfer einen Riesenspaß haben
plaie *f* quelle plaie Nervensäge, Plagegeist
planque *f* Versteck
planquer verstecken
plouc *m* Bauer, Stoffel
se pointer auftauchen
polar *m* Krimi
pourri *m péj*Veckskerl
poussière *f* et des poussières und ein paar Zerquetschte
projo *m abr de projecteur* Scheinwerfer
proprio *m abr de propriétaire* Vermieter

putain de *vulg* verdammtes, Scheiß-
raccord *m* faire un raccord sein Make-up auffrischen
ramdam *m* Tamtam
se ramener aufkreuzen
rappliquer auftauchen, aufkreuzen
raquer blechen
ras-le-bol *m* Überdruss; en avoir ras-le-bol die Nase voll haben
relax *adj inv* locker
rencard *m* Treffen
requinquer aufmöbeln
retourner en être (tout) retourné,e par qc fassungslos/ erschüttert/ aufgewühlt sein
ringard,e *adj* altmodisch
salaud *m* Dreckskerl
saligaud *m* Mistkerl
saloperie *f* Ramsch, Schund, Sauerei
savon *m* passer un savon à qn jdm einen Rüffel erteilen, jdm den Kopf waschen
scotché,e être scotché,e devant la télé vor dem Fernseher kleben, hängen
snober von oben herab behandeln
speed hektisch
se taper sich etw aufhalsen
se tasser sich regeln, sich beruhigen
taule *f* Knast
thune *f* Kohle, Kies
tignasse *f* Wuschelkopf
torchon *m* Käseblatt
toubib *m* Arzt
tronche *f* Birne, Visage
trouille *f* avoir la trouille Schiss haben
turlupiner jdn plagen, jdm keine Ruhe lassen
vache *adj* gemein
vachement *adv* echt, wahnsinnig
virer rauswerfen, rausschmeißen

Biographie de Gudule

Gudule, née Anne Liger-Belair, d'un père français et d'une mère belge, a vu le jour à Ixelles, près de Bruxelles en Belgique, le 1er août 1945. Elle commence dès l'âge de 12 ans à écrire. Mais ce n'est qu'en 1987 qu'elle publie son premier livre, un album pour tout-petits, *Prince charmant poil aux dents.* Son premier roman *Et rose elle a vécu* paraît en 1990.

À dix-neuf ans elle part au Liban. Elle y exerce de nombreux métiers – créatrice de costumes de théâtre, actrice, marionnettiste, vendeuse d'extincteurs, journaliste ... – et y épouse un dessinateur de bandes dessinées égyptien, Paul Karali. De retour en France en 1970, elle collabore à divers magazines, tels que Hara-Kiri, Pomme d'api, Fluide glacial, Charlie Hebdo, L'écho des savanes ainsi que Pif et anime également une émission de radio sur la bande dessinée.

[20] **l'extincteur** *m* Feuerlöscher [22] **collaborer à qc** an etw. mitarbeiten [24] **animer une émission** durch eine Sendung führen

Bien avant d'écrire des livres, elle adopte le surnom de Gudule pour signer ses articles et pour ses émissions de radio. Si ses origines bruxelloises lui ont certainement inspiré ce pseudonyme «Je suis née à l'ombre des tours de la cathédrale Sainte Gudule», c'est surtout le côté amusant de ce nom qui lui a plu, «c'est avant tout la consonance humoristique de ce pseudo qui m'a séduite». À la demande de son éditeur, elle change de nom lorsqu'elle publie son premier roman fantastique. Elle mélange les lettres du nom Gudule et crée un nouveau pseudo: Duguel ou Duguël. Elle y ajoute son vrai prénom, Anne. Elle l'utilise pour la plupart de ses romans destinés aux adultes. Elle signe également ses livres sous le nom d'Anne Guduël ou encore Anne Carali. Le nom de Gudule est réservé le plus souvent à la littérature de jeunesse.

L'ensemble de son œuvre comprend quelque 300 ouvrages (romans et nouvelles) aussi bien pour adultes que pour jeunes. Parmi les plus connus, on peut citer *J'ai 14 ans et je suis détestable, La vie à reculons, Mordre le ciel* et surtout son best-seller, *La Bibliothécaire.*

[1] **bien avant de faire qc** lange bevor man etw tut [5] **la consonance** succession de sons *contr* dissonance [6] **pseudo** *abr de pseudonyme* **séduire** *ici:* plaire **l'éditeur** *m* Herausgeber [10] **être destiné à qn** für jdn bestimmt sein [13] **comprendre** *ici:* bestehen aus, umfassen

Bildquellenverzeichnis:
Umschlag: Corbis, Düsseldorf © Marnie Burkhart
fotolia.com/New York © BLACK ME
S. 125: Le Théâtre italien vers 1840 – Gravure de C. Mottram sur un dessin d'Eugène Lami,
http://commons.wikimedia.org/wiki
S. 158: Gudule © 2009